Metafísica 4 en 1

- Qué Es La Metafísica
- Piensa Lo Bueno y Se Te Dará
- Un Tesoro Más Para Ti
- Numerología

VOL. II

CONNY MENDEZ

1898 - 1979

CRONOLOGIA

PROLOGO

Me llena de emoción el presentar este librito de la Amada Maestra Conny, a todo el discipulado metafísico, como también a todos aquellos que deseen entrar a esta enseñanza, camino seguro y amplio que nos lleva a la unificación total universal de toda la humanidad.

Este librito procede de una cinta que dejó Conny grabada* transcripción y adaptación de la Conferencia Metafísica dictada por Conny Méndez en el Hotel Caracas Hilton el 27 de Noviembre de 1969, la cual transformaron en *cassette* con el propósito de llevarle a la gente la voz de Conny y sus conocimientos, y siendo su contenido tan valioso e importante para todo ser que sus familiares decidieron imprimirlo como una joya más a su colección de libros.

Gracias por haberme dado esta oportunidad; con todo mi afecto, Nenena

Luisa de Adrianza

---

* Transcripción y adaptación de la Conferencia Metafísica dictada por Conny Méndez en el Hotel Caracas Hilton el 27 de Noviembre de 1969.

EL MAESTRO ENOCH Y SU ENSEÑANZA

El primer Maestro del mundo entero fue Enoch, un descendiente de Adán (porque Adán fue el primer hombre), y lo llaman el primer hombre de la misma manera como podríamos decir hoy que Armstrong es el primer hombre de la era espacial, ya que fue el primero que puso pie en la luna. Eso lo dirá la gente en el futuro: que Armstrong fue el primer hombre, porque si hubiera habitantes en la luna para ellos lo sería. Y por eso es Adán el primer hombre de la civilización adámica. Enoch fue un descendiente de él; vivió trescientos años; era el padre de Matusalén, quien vivió novecientos años; pero Enoch no murió, ascendió tal como hizo el Maestro Jesús. Eso es una prueba de un gran adelanto y de iluminación. Enoch, pues, fue el Primer Maestro de nuestra civilización y es un hombre sumamente notable y grande que, en un mundo como aquél, en el cual no había ni correos, ni periódicos, ni radio, ni televisión, es decir, no había comunicaciones de ninguna clase, la enseñanza de ese hombre se esparció por todo el mundo de entonces, y en cada país lo llamaban según el idioma que se hablaba. En Egipto Thot, el dios Thot; algunos lo llamaban el escriba de los dioses; y en Grecia lo llamaban Hermes, Hermes Trimegisto, tres veces grande; en Egipto a Thot lo llamaban dos veces grande y en Fenicia lo llamaban Cadmus, cinco veces grande; cada país se lo quería apropiar, lo quería para sí porque aquél era un hombre tan grande que sabía de todo y dejó enseñanza sobre todo; escribió en aquella época, cuando no había libros ni nada de eso, cuarenta y dos libros; pero, además, fue el autor de cuanto se puede imaginar: Cosmogonía, Cosmografía, Geometría -así llamaban entonces a la matemática-, Geografía Celeste, la Kábala y el Tarot. Todo eso lo escribió Enoch; pero él era judío y allí empezó la lucha contra los judíos. Porque todo el mundo quería apropiarse a Enoch y decían que les pertenecía. Los egipcios decían que no, que era Thot y era un dios egipcio; y los griegos decían que se llamaba Hermes Trimegisto y, por lo tanto, griego. Pero en realidad era judío, era Enoch, de raza judía. Eso no lo podía perdonar nadie.

Con el pasar del tiempo lo perdonaron menos, le tenían odio, una rabia tremenda porque era un hombre muy grande. Y pensaban

LA METAFISICA NO ES BRUJERIA

La "brujería" es el uso de los poderes divinos que todos tenemos, pero empleados por egoísmo, por maldad; esa es la "brujería". Porque conocen que el egoísmo es lo contrario del amor; el egoísmo dice" "Pa' mí" (2), y el amor dice: "Para todos". De manera que quien emplea "brujería" va donde las brujas, tiene mala intención, tiene intención de acaparar, de ejercer poderío sobre los demás: es egoísta. Bueno, ese poderío que se ejerce sobre los demás quiere decir que nosotros tenemos derecho a todo, todo, todo lo que hizo Dios. Tenemos derecho, y por consiguiente el que trata de reservarse y conservar para sí el poderío es para ejercerlo sobre los demás y esclavizarlo. La **Metafísica** es todo lo contrario: está basada en el Amor Universal, en el Bien, en la Paz, en la Armonía; esa es la **Metafísica**, es para todo el mundo, no tiene nada de oculto; es una práctica científica. Fíjense bien, la ciencia y la religión han sido como aceite y vinagre durante todos estos tiempos, pero hoy en día la **Metafísica** -que es científica- está dando pruebas de que no tiene por qué seguir siendo así; se puede ser muy bien religioso y metafísico, puesto que es una ciencia basada en la religión, basada en el cristianismo. Bueno, la **Metafísica** fue redescubierta -porque ha sido un redescubrimiento- ya que en el mundo no hay nada nuevo bajo el sol, todo se conoce desde siempre. Ahora lo que sucedió fue que, por múltiples razones, desapareció. Y yo les voy a decir estas razones:

---

(2) "Pa' mí": para mí.

LA PALABRA METAFISICA

Quiero que sepan con respecto a la palabra *Metafisica* es que existe una creencia generalizada de que eso quiere decir "brujería" o "espiritismo". Bueno señores, la palabra *Metafisica* significa *más allá de lo físico*, o sea, lo invisible que no tiene forma. Pero de allí a que quiera decir "brujería" estamos muy mal parados; porque el aire es invisible y no tiene forma y entonces, ¿si fuera brujería? ¡Qué mal estaríamos todos nosotros que estamos respirando! De manera que *Metafisica* quiere decir, simplemente, *más allá de lo físico*, lo invisible y sin forma, aunque ha quedado esta palabra ahora para denominar una filosofía práctica para la vida diaria. *Filosofía práctica para la vida diaria*, fíjense bien, basada en un descubrimiento *sensacional* que se realizó hace menos de un siglo, y que se ha ido difundiendo por el mundo poquito a poco. Y por ser *sensacional* se ha difundido en el mundo como se ha difundido porque el mundo necesita algo que lo "jamaquee"(1), una cosa *sensacional* para que se mueva y esto es así y se basa en el descubrimiento *sensacional* que se los voy a decir.

INTRODUCCION

Ante todo quiero decirles que, como muchos de ustedes saben, yo hablo en lo que suelo llamar "palabras de a centavo" porque quiero que todo el mundo comprenda lo que es la **Metafísica**, desde los niños de diez años en adelante. Por eso hablo en "palabras de a centavo". No tengo pretensiones literarias, ni vuelos de retórica; esa es la primera razón. Y la segunda es, mis amigos, que estamos en la Era Apocalíptica y es recomendable que no exista más ocultismo. Se acabó la era en que las cosas estaban ocultas. Ahora ésta es la Era de la Luz y la Verdad y todo el mundo tiene el derecho de conocer todas esas cosas que estuvieron ocultas a través de tantísimos siglos y que nadie debía conocerlas, no se sabe por qué, aunque lo cierto era que permanecían en la oscuridad. La humanidad tiene derecho a saber todo lo que Dios ha creado y eso -lo oculto- es creación de Dios. De manera que se acabó el ocultismo. El *Apocalipsis* dice que no quedará de la mentira piedra sobre piedra, que todo lo que es oculto saldrá a la luz del sol, al público. Así pues, las instituciones que todavía están ocultando sus enseñanzas deben saber que ya eso se acabó.

Estamos en la Era de la Luz y la Verdad; por consiguiente, no puede quedarse nada oculto, ya lo saben.

¿Que es
LA METAFISICA?

METAFISICA 4 EN 1

VOL. 2

Por último, *Numerología* debe leerse como un ejercicio en el cual la dinámica de los números obtiene su correspondencia en el espíritu. Fundamentado, entre otros, en la lectura de los pitagóricos, este pequeño libro posee la virtud de estimular al lector a percatarse (o, al menos, a intuir) el secreto orden que rige entre los números y el ser humano y, en última instancia, en todo el universo. Un tratado más profundo de estas secretas correspondencias puede ser leído en *El Maravilloso Número Siete*, aparecido en el volumen I de *Metafísica 4 en 1*.

Esperamos, pues, que los lectores, habituados a las constructivas enseñanzas de Conny Méndez, disfruten de este segundo volumen, indispensable en toda biblioteca dedicada a la metafísica.

Caracas, 1990

Los Editores

PROLOGO

Para quien haya experimentado el placer de leer y aprender de las enseñanzas de Conny Méndez entregadas en el texto *Metafísica 4 en 1* (vol. I), el segundo volumen que ahora ofrece la Editorial Bienes Lacónica, C. A. constituye un esfuerzo logrado por incluir en un solo cuerpo cuatro de sus mejores producciones: *¿Qué es la metafísica?*, *Piensa lo bueno y se te dará*, *Un tesoro más para ti*, y *Numerología*.

No fue el azar el que los reunió; antes bien, una meticulosa selección, entre la vasta metafísica de la autora, dio como resultado la articulación de estos libros en un solo volumen. Por otra parte, el orden en que están dispuestos indica, progresivamente, una iniciación para el estudiante de metafísica, en esta aventura espiritual que tiene como objetivo alcanzar una vida mejor y más plena, viviéndola a conciencia.

¿Qué es la Metafísica? conviene, de modo principal, al estudiante que se inicia y necesita proveerse de los medios básicos para obtener una información acerca de la disciplina que va a guiar su vida de ahora en adelante.

Piensa lo bueno y se te dará es un texto positivo. La sencillez expositiva -vinculada con un creciente conocimiento del tema- inclina al lector a que asuma su éxito o fracaso, dependiendo, sin duda alguna, de la visión que posea de sí mismo y del mundo que lo rodea. Aquí Conny Méndez enfatiza la importancia de un pensar -y un sentir- positivo incluso (o quizás, sobre todo) en los momentos más difíciles por los cuales, tarde o temprano, a todos nos toca pasar.

Un tesoro más para ti -el más extenso de los tres que integran este segundo volumen de *Metafísica 4 en 1* - es una colección de escritos (mensajes, conferencias, cartas, composiciones exegéticas, etc.) que intenta dar una visión de conjunto del pensamiento de Conny Méndez. Si se sigue con cuidado el hilo narrativo de este libro muy pronto se descubrirá una coherencia interna que justifica algunos de los temas tratados en los dos libros precedentes. Al final aparece el cuento *Entre Planos*, pieza literaria que ilustra de modo ficcional varios de sus puntos de vista metafísicos.

ellos: "¿Cómo es posible que sea de esa raza un hombre tan grande, alguien tan notable?". Eso no lo querían perdonar, pero tuvieron que "tragarlo" porque era Enoch el Grande. Caín tuvo un hijo, pero no fue quien se dice, fue Enoch el Grande. Es bueno recordar que a partir de la **sexta generación**, después de Adán, se creó la Universidad de Heliópolis. Allí se educaron Moisés y el sacerdocio egipcio; pero lo **más importante** residía en que allí se aprendían todas las **enseñanzas de Enoch** y, tiempo después, al fundarse la secta esenia, estas enseñanzas continuaron transmitiéndose. Por otra parte, en el siglo IV después de la venida de Jesucristo, empezaron a tratar de desligar al **Maestro Jesucristo** de su origen judío. Primero le decían que era galileo, después que era gentil; en fin, trataron de desligarlo de su **origen judío** y la enseñanza cristiana querían hacerla parecer como que no venía de Enoch porque por ser judío. El odio de la raza y de la persecución. La Iglesia de ese entonces hizo quemar todo, absolutamente todo lo que contuviera las enseñanzas de Enoch, o de **Hermes, Cadmus** o **Thot**, porque se sabía que eran una misma persona. Con el correr de los siglos, la persecución se hizo tan horrorosa que no se podía mencionar a Enoch. Hubo grandes controversias cada vez que se le nombraba. Una vez apareció una copia de un libro, *El libro de Enoch* en Abisinia, y otra copia en Etiopía. Esas copias fueron a parar a Rusia -la de Abisinia- y la de Etiopía a Inglaterra. Naturalmente, el libro se guardaba bajo siete candados y se depositaba en pozos profundos; no podían ser vistos por nadie, era cosa prohibida. La copia de Rusia desapareció, no hemos sabido nunca nada de ella; sin embargo, la copia de Inglaterra se halla en la Abadía de Westminster y aunque muy pocos podían llegar a examinarla, hubo un Obispo anglicano que sí la leyó e hizo el descubrimiento *sensacional* que les digo. Inmediatamente llevó a cabo la **traducción** que pudo porque lo que descubrió -y todas mis discípulos saben lo que digo- es el principio del mentalismo. De inmediato se fundó en Inglaterra una sociedad llamada *El Nuevo Pensamiento*; esta sociedad se esparció, inmediatamente empezó a propagarse. Fue a los Estados Unidos (en cualquier parte donde se hablara **inglés**, pues la traducción fue hecha del etíope al inglés) y allí surgieron varias sectas que ustedes han oído nombrar: *La Ciencia Cristiana, La Ciencia Divina, Unity* y otras. Todo lo que enseñan es el **Principio del Mentalismo**.

EL PRINCIPIO DEL MENTALISMO

Como hay tantas personas aquí reunidas que creo que jamás han oído hablar de eso, les voy a describir el Principio del Mentalismo. Para ello, les voy a dictar una serie de *clichés*, de manera que ustedes puedan poner en práctica de inmediato el Principio del Mentalismo; les advierto que es la forma de curar todas las enfermedades, las de ustedes y las de los demás; es la forma de resolver todos los problemas y todas las calamidades, es decir, el Principio del Mentalismo es el descubrimiento *sensacional* porque el mundo no lo conoce, sabe muy poco de él. De manera sencilla dice que todo, todo lo que a nosotros nos ocurre está en nuestra mente y se refleja hacia fuera. Las enfermedades, el aspecto que tienes, si eres fea, si eres bonita, si eres gorda, si eres flaca, si eres vieja, si eres joven, la muerte, todos los problemas, todas las calamidades, en fin, todas las catástrofes del mundo se reflejan hacia afuera porque están en la mente individual como creencias, opiniones firmes, establecidas como conceptos. Todo, todo esto está en la mente de cada quien. Piensas en una cosa y ya, de inmediato, quedó registrado y si no lo vuelves a pensar, se graba y llega a formarse lo que nosotros llamamos un concepto: es como el negativo de una fotografía que reproduce en el exterior el positivo de la foto, es decir, el retrato.

Ahora sí podemos borrar todo lo que hemos pensado mal; ¡sí se puede:¡ eso es lo que nosotros enseñamos y practicamos, ¡por supuesto que sí se puede: ¡uno se acuerda de que lo positivo se graba bello, se graba bien, todo lo positivo se graba y funciona en el exterior como una maravilla, todo lo que te ocurre es bueno. Las cosas que te ocurren son buenas porque has pensado positivamente y todo lo negativo es lo que sale reproduciéndose en todas las enfermedades, todos los males. Para mí es muy raro oír a una persona decir: "Bueno, tú sabes . . . tú sabes cómo es la gente de este país". Ya eso es negativo; entonces, para ti la gente de este país es antipática, la encuentras francamente antipática; todo lo que te pasa no puede ser de otra manera ya que tú tienes esas creencias. Una persona me dijo el otro día: "Me han puesto el teléfono pero no está comunicado todavía porque tú sabes cómo es la gente del teléfono". Entonces le di un regaño y le respondí: "No, señor, la gente del teléfono no tiene la culpa de que estés pensando y decretando que no te lo van a poner. Si piensas de ese modo ellos te obedecen". Bien, resulta que ya saben ustedes un poco lo que es el Principio del Mentalismo, es un descubrimiento *sensacional* porque pensar que podemos cambiar nuestra vida y cambiar todo lo que nos sucede y transformar todo es un descubrimiento sensacional. (Yo era muy feita y ahora estoy muy bonita).

El Principio del Mentalismo es muy conocido por otras sectas, entre ellas, por ejemplo, están los Rosacruces y los Yokes, aunque no hacen una mención amplia (apenas un párrafo que explica el Principio del Mentalismo) ni lo practican -ni lo enseñan a practicar-, no poseen una fórmula, no se ocupan de ello; saben que existe pero nada más, en tanto que nosotros nos dedicamos a eso, a transformar nuestra vida y la de los demás -porque se puede transformar la vida de los demás. Hay varias cosas que quiero que ustedes aprendan bien. Por ejemplo: *sitio para estacionar*. Ustedes saben que salen de sus casas por la mañana, tienen que hacer una diligencia en el banco, en alguna tienda de la Calle Real de Sabana Grande y antes de montarse en el carro ya están pensando: "... y la cola que me va a atajar y dónde voy a estacionar porque lo que es hoy no hay nada, eso está lleno de carros; y esa cola por Sabana Grande y yo no voy a encontrar dónde estacionar". Pues eso es negativo y, naturalmente, ustedes no encuentran dónde estacionar. ¿Cómo se hace? Sencillamente tienen que aprender a acostumbrarse (porque es un hábito que hay que formar). Ustedes salen de casa y dicen lo siguiente: "Yo quiero un sitio frente al banco, en armonía para todo el mundo", y terminan diciendo: "Gracias Padre que ya lo conseguí". Quien no crea en Dios debe decir: "Gracias Cosmos", gracias a lo que sea y a lo que crean: "Gracias Amor Divino". Gracias a lo que ustedes aprecien más, digan gracias o simplemente "Gracias yo mismo". Bien, lo que ocurre es lo siguiente: como ustedes han dicho "Armonía para todo el mundo", antes de salir ese puesto ya estaba preparado, ya la persona que está en el sitio -en uno de los tantos sitios- se está acordando de algo que tenía que hacer, en armonía, algo bueno, algo útil; una diligencia, algo que tiene que hacer y por lo tanto le conviene salir del sitio. Y en el momento en que llegas al lugar donde quieres colocarte, ves que el carro se va. ¡No me crean! ¡No me crean nada! ¡Pruébenlo y compruébenlo, no me crean, yo no quiero que ustedes me crean a ciegas!. Pruébenlo y compruébenlo mañana por la mañana; eso sí: ustedes salen seguros de que estoy diciendo la verdad con toda fe de que son capaces. Digan: *Yo Quiero*, después *En armonía para todo el mundo*, y *Gracias*.

Ustedes han visto que ya hemos nombrado las colas. Están parados en una cola; ¿qué es lo que dice todo el mundo?: "Ay, Dios mío, ¿hasta cuándo? Yo que estoy tan apurado... ¿Cuándo terminará este tráfico del demonio?" Y cuántas cosas más, no sé, yo lo he oído. ¡Nada de eso! En cuanto vean que se para el tráfico digan, piensen lo siguiente: "No se puede detener nunca la circulación del planeta ni un minuto porque sería el caos universal". Fíjense bien, el sol no se detiene nunca, la tierra no se detiene nunca, la circulación de la sangre no se detiene nunca, el aire que respiramos no se detiene nunca. Eso les debe dar a ustedes la norma de que no existe detención de nada; lo que sí puede existir es la detención del tráfico, sí, porque se trata en efecto, de cosas menores. Sin embargo, pensar que podemos estar en una cola durante veinticuatro horas, que tendremos que irnos a pie para la casa es algo que no debería ser; y no habrá de suceder si invocamos una *ley espiritual* que inmediatamente domina a la *ley material*. *La ley material* se pliega, se adapta de inmediato; ella no tiene derecho. Esos son los descubrimientos *sensacionales*.

LA VERDAD

Les estoy nombrando otras leyes, no solamente la Ley del Mentalismo; en efecto son otras, pero no quiero cargarles la mente con leyes sino simplemente con cosas que ustedes van a poder usar desde el momento en que salgan de aquí. Yo quiero transformarles sus vidas. Quiero hacerlos felices, que gocen su vidas; por eso les digo: ni la cola ni el tráfico tienen derecho a ser y más aún si lo comparamos con cosas mayores, si por ejemplo decimos: "La circulación del planeta no puede detenerse ni un minuto porque sería el caos universal". Ustedes están hablando la verdad absoluta, porque es la Verdad; no puede detenerse nada de eso porque sería el caos universal si se detiene la tierra. Asi como también está diciendo la verdad el Maestro Jesús que fue el segundo inmenso Maestro de la Metafísica que ha existido después de Enoch. Hubo muchos otros, ustedes saben que ha habido muchos Judatantama, Salomón, David y otros. Pero yo voy a los que tuvieron mayor resonancia mundial. Enoch fue uno y luego el Maestro Jesús llamado El Cristo. Enseñó pura psicología y metafísica. El dijo: "Conoced la verdad y ella os hará libres, ella es la verdad". De manera que cuando dices: "No se puede detener la circulación del planeta ni un minuto, sesenta segundos, no se puede porque sería el caos universal", ustedes están invocando la verdad, están diciendo la verdad y la verdad os hará libres; ¿de qué? De la cola, ustedes van a ver que ha pasado un minuto cuando ya comienza la cola a moverse, aquella cola que ustedes creían que estaba estacionada. De manera que no vuelvan a soportar colas. Ustedes lo están haciendo por todo el mundo que tienen por delante. ¿Por qué? Porque hay otra Ley que dice: *Uno con Dios es la mayoría, uno es la verdad*. Imagínense qué poder tan inmenso tenemos cada uno de nosotros. *Uno con Dios es la mayoría, uno es la verdad*, que es la mayoría; recuerden eso por que eso es: *Uno con Dios es la mayoría, Dios es la verdad, Dios es amor, uno con la verdad, uno en la verdad, uno con Dios en la mayoría* y ustedes dominan por encima de todo esa cola increíble que tienen por delante.

Otro *cliché*: en estos días han estado anunciándonos

terremotos y cataclismos; todo el mundo me ha llamado por teléfono a decirme: "¿Es verdad que el 11, es verdad que el 21, es verdad que el 23, es verdad que...?" ¡En absoluto! ¡En absoluto! No va a pasar nada, nada va a pasar y no crean ustedes en nada de los que les digan que va a haber terremotos y cataclismos. Ustedes no tienen sino que decir: "Eso no es conmigo, no lo acepto, eso no es conmigo". Acuérdense que *uno con Dios es la mayoría*. No es la voluntad de Dios que haya un terremoto que acabe con media humanidad "pues tampoco es mi voluntad: *Yo no quiero*, no me da la gana". Una vez que ustedes han dicho: *"No es la voluntad de Dios"*, pueden añadir: "No me da la gana". Ustedes verán. "Eso no es conmigo, no acepto". Fíjense bien lo que les estoy diciendo: ninguno de mis discípulos sufrió ni un rasguño en ese terremotico. El terremotico lo trajo la cantidad enorme de mentes pensando en el terremoto, decretándolo y trayéndolo. Mis hermanos, yo les digo a ustedes que se fijen cuando haya una persona enferma que se está muriendo y oigan que dice la gente alrededor de él: "Ese no llega ni a la noche, no amanece, "¿pa´qué va a comprar más oxígeno si, si, si ... no va a usarlos?". . . Ya lo mataron.

LEY DE OFERTA Y DEMANDA

La tercera parte es para las amas de casa; es la Ley de Oferta y Demanda. Esto parece que fuera para los hombres porque ellos son los que conocen de la Ley de la Oferta y Demanda.

La Ley de Oferta y Demanda dice que cada vez que tú necesitas una cosa, hay alguien que quiere salir de una igual. Cada vez quieras botar algo que ya no te hace falta, que ya no necesitas, hay otro que sí. Si tú empleas y sabes esa Ley te pones a invocar, cada vez que tengas algo bueno, que venga la persona, entonces atraeré a la persona que necesite *esto* porque quiero dárselo. Sí, inmediatamente aparece alguien y lo mismo sucede cuando tú necesitas algo. El dinero es lo que corrientemente ustedes ven porque éste es el único planeta donde él existe. El dinero no debe existir, pero aquí existe y tenemos que andar con él, qué se va a hacer. Donde existe el dinero actúa la Ley de la Oferta y Demanda. Aquí consigues todo lo que quieras si es comprado por ti porque ya tienes *enterrado* el dinero en tu conciencia que no concibes que puedas conseguir algo regalado sino que, por el contrario, tienes que salir a comprarlo. Pues bien, lo consigues baratísimo y a la vuelta de la esquina exacto como lo deseabas. Pero... el servicio, las casas, cuando quieres una casa, cuando tienes que mudarte, quieres un apartamento, o quieres una casa y empiezas a decir: "Pero mi'jita, están por las nubes", y además no hay, pues no hay, para ti no hay, ya lo decretaste, ya tú mandaste a que ocurriera así, no hay, no encuentras casa. Pero si dices: "No, eso no es conmigo, ¿la mía? Está hecha y me está esperando y yo la quiero así", o escriben una cartita a quien quieran, a Papa Dios o al Angel, a quien quieran, y en esa cartita escriben: "Yo la quiero así, de esta manera y nada de chiquitica, como la necesito, grande, buena con tantos cuartos, con jardín o sin jardín", como la quieran; si escribes, pues, tu carta completica y entonces terminas diciendo: *en armonía para todo el mundo*, das las gracias y espera para que tú veas. Si estás volteando para ver por encima del hombro si aparece, cuando tú menos lo esperas te hablan de una, la encuentras en un periódico, pasa y la ves, existe, ella existe y te está esperando, ¡es tuya! Y lo mismo el servicio. Aquello de que es imposible encontrar servicios, no hay mujeres, están ladronísimas, están esto y lo otro, es mentira... mentira... las hay por montones, pobrecitas, si tú lo decretas que no hay ni ves una, ¡se desaparecen!.

Ahora si el Maestro Jesús dijo: "Los pobres los tendréis siempre con vosotros", de manera que contigo hay bastante, ¡no, decrétalo, escribe tu cartica y pongan todo lo que quieran, no olviden anda. Miren, mi hija hizo su cartica y puso todo lo que quería y dijo: "¿No me falta nada más mamá". Y yo le respondí: "No creo que te falte nada, no sé, tú eres la que necesitas". Pues bien, se le apareció la mujer de servicio con todo lo que ella había puesto, pero le faltó una cosa: no dijo que no tuviera niñitos y la mujer se presentó con su niñito. Ríanse, me encanta que se diviertan; pero, créanme o no, pruébenlo, pruébenlo mañana y digan todo lo que necesitan.

LA BENDICION

Ahora eso de la bendición: bendigo las manos, bendigo tus manos; ¿por qué?, ¿por qué actúa? La *bendición* quiere decir *"bien decir"*, es simplemente decir el bien, hablar en positivo, nada más. Cuando bendigan una cosa aquello aumenta, aquello lo agradece, todo, hasta el teléfono se compone si tú lo bendices, todo, todo obedece a una bendición. Tú coges dos maticas y las riegas, pero bendice *a una sola* todos los días para que la veas ponerse bella, mientras que la otra da lástima. Entonces comenzarás a bendecir a la otra también. Que los hombres bendigan sus negocios y bendigan el negocio del contrario, aquél que tiene la misma ferretería o la misma botica, bendiga la de él también porque hay para todo el mundo; y cuando tú bendigas la de ese señor se te devuelve a ti. Así es ese amor, bendigan el negocio, bendigan la cartera y nunca estará vacía (cuando tenga dinerito y no cuando está vacía), bendice tu dinero, bendice el que tengas en el banco, bendice, sí, la abundancia, pero hay que decir la abundancia de esto, la abundancia de lo otro, bendice la abundancia -decía una señora- y se puso de este gordo. Eso es para que ustedes vean lo que les estoy diciendo es verdad, pero hay que saber hacerlo. Bendigan la abundancia del dinero. ¿Ustedes no han oído decir entre las viejas de sus casas: "No, hombre, déjelo almorzar, se le echa agua a la sopa"? Mentira, no se le echa agua a la sopa pero alcanza para todo el mundo: eso *decreta* ella que va a lograr.

UNA LEY MAS "HOY"

Hay una Ley más. Han escrito eso para que se acuerden. Oigo ahora decir a tanta gente que están apretadas de dinero que tienen que pagar una cosa enorme la semana que viene, el mes que viene, el año que viene; no se sabe de dónde va a salir aquello, vive la gente toda mortificada porque no saben de dónde va a salir para pagar aquello. Miren, señores, el mañana no existe todavía, el ayer se fue, no tenemos sino el día de hoy; hoy Dios vive en un eterno presente; en el espíritu no hay futuro ni hay pasado: es un triángulo. Aquí está el espíritu (arriba) y se abre hacia abajo: no hay futuro ni pasado. Ahí está el eterno pasado, hoy es el eterno presente. Tú dices: "Hoy, hoy todo está cubierto"; yo les apuesto lo que ustedes quieran que aquí no hay una persona que no tenga todo cubierto. Hoy no tienen necesidad de nada porque todo está cubierto. Mañana es otra cosa pero *hoy, hoy* está cubierto.

Ahora, si ustedes dicen eso todos los días: *"Gracias Padre que hoy todo está cubierto"*, nunca en la vida se presentará el día en que no tengan lo suficiente para pagar lo que sea, porque mañana llegará a ser hoy, estará cubierto, y la semana que viene será hoy y estará cubierto. Y el mes que viene será hoy y estará cubierto. ¡Pruébenlo, no me crean!.

EL YO QUIERO Y EL YO NO QUIERO

Hay otra cosa muy importante: el *Yo quiero* y el *Yo no quiero* son ambos todopoderosos. Cuando Moisés estaba pastando las ovejas de su suegro, le habló un Espíritu y le dijo que liberara a su pueblo, Israel, que estaba prisionero en Egipto. Le dio todas las instrucciones de lo que debía hacer. Entonces Moisés le dijo: "Pero, bueno, ¿cómo sé yo quién me está diciendo esto?, ¿qué le voy a decir a mi pueblo?, ¿cómo les digo?, ¿quién me lo dijo? No me van a creer si les dijera que fue un Espíritu". El Espíritu le dijo: "Le dirás que te lo dijo *Yo soy el que soy*". "Pero, ¿cómo es eso?". "Ese es tu nombre, ese es mi nombre, para ti y todas las generaciones *Yo soy el que soy*" Bien, como ustedes comprenderán no se lo dijo en español; fue dicho en el idioma hebreo. Y como traducido en hebreo, Jehová significa "Yo Soy", en castellano le han agregado ese "el que soy", no sé por qué, porque sencillamente se entiende "Yo Soy" Jehová. He allí otro de los descubrimientos *sensacionales* que encontró el Señor en Enoch, el "Yo Soy", el Jehová que desde el *Génesis* hasta el *Apocalipsis* no hace otra cosa que nombrar a Jehová, y que quiere decir "Yo Soy", pues ese "Yo Soy" es todopoderoso; es lo mismo que ustedes digan "yo tengo" o "yo estoy" o "yo quiero". El es el Yo, ese el Verbo; el verbo ser, estar. Es el Verbo y es el Logos Creador. Todo lo que tú digas "yo quiero" se hace. ¡Pruébenlo, no me crean, pero pruébenlo! El *"Yo Soy"* es todopoderoso.

Yo lo he hecho con los niños. Ustedes saben que los niños, las niñitas, los muchachitos, por ejemplo hasta los siete, diez años, no tienen raciocinio ni voluntad personal. No saben pensar ni pueden ser responsables de sus pensamientos. Todo lo que les pasa a ellos es el reflejo del pensamiento de la madre o del padre (apunten eso porque no debe olvidarse); todo lo que les pase a sus hijos es responsabilidad del papá y la mamá, de su mente y de lo que piensan a través de ellos: los padres piensan a través del niño. Por ejemplo, veo a una muchachita con una gripe y le digo:

-¿Qué tienes?

-Gripe -responde ella.

-¿Y por qué tienes gripe?

-Me da todas las semanas...

-¿Y tú quieres eso? - le pregunto al ver que le daba todas las semanas.

-¡No!

-¡Pues dilo!

-¿Qué digo?

-Di: "yo no quiero esto, yo no quiero esto". Dilo, tienes que decirlo.

Cuál no sería el espanto de la madre y el padre cuando vinieron y me dijeron: "Bueno, el día en que usted estuvo conversando con ella.... ¿qué fue lo que le dijo?... porque de eso hace tres meses y la niña más nunca ha tenido una gripe". Yo les respondí: "¡Claro! porque si ella logra decir "No quiero", esa expresión es más fuerte que su Papá y su Mamá, ya que ambos no van a decir: "Nosotros queremos que tenga gripe", aunque sí dicen: "Vive con gripe, no pasa una semana en que esa niña no tenga gripe". Son ignorantes, no lo saben, pero están dando la orden, está decretando "así es", "yo quiero"; es absolutamente todopoderoso. Si ustedes oyen decir que van a entrar al país los comunistas, (aunque yo no quería decirlo, porque creo que aquí no hay comunistas), no vendrían aquí, ¿verdad? ¿Y si vienen? Bien, pues, aunque vengan *yo no quiero, yo no quiero* comunismo aquí porque ésta es mi casa, Venezuela es mía y es tuya y de todos; es mi casa y es tu casa. ¿Tú quieres comunismo en tu casa? Pues yo no quiero, a mí no me da la gana y Uno con Dios es la mayoría. Pobrecitos los comunistas, no saben que he visto hace mucho tiempo; a mí no me da la gana y por eso es que no entran. ¡Pruébenlo! Sí, señor pruébenlo. Ustedes van a decir, como me han dicho a mí muchas personas: "Pero, bueno, ¿qué dirán los comunistas?". Digo, "Bueno, yo lo siento mucho pero la voluntad de Dios es la libertad, la libertad individual; y como ese es un sistema que no permite libertad no se puede aceptar". De manera que el *yo quiero* y el *yo no quiero* son todopoderosos, no se olviden de eso. Cuando ustedes oigan por ahí acerca de eso que les mencioné (por ejemplo, lo de los teléfonos), ustedes responden: "Yo no quiero, para mi yo lo quiero asi". Aunque ustedes no pueden decir, por ejemplo, "Yo no quiero que Fulano haga eso, aquello no..." Eso es brujería: eso no se puede; tú puedes mandar en ti y querer para ti. Por ejemplo: "Yo quiero a Venezuela, ésta es mi casa; porque si Venezuela es mi casa y es mía y yo no quiero sino orden, armonía, libertad, justicia, todas las virtudes, no estoy nombrando nada que no deba nombrar; estoy nombrando solamente virtudes, lo que yo deseo para mi tierra y eso sí se puede decir. Pero, tú no puedes decir como un amigo mío: "Es que yo quiero que mi hijo estudie esto..." No, señor, no puedes decir eso, tu hijo tiene que estudiar lo que a él le pide su espíritu, porque tú no sabes si ese niño -que quieres que sea abogado- desea ser pintor. No lo puedes obligar; tienes que esperar a ver hacia dónde ese niño va a demostrar lo que va a ser. Por lo tanto, no se puede ordenar en el espíritu de otro aunque sí en el tuyo. Yo quiero, todos nosotros queremos y creemos en la voluntad de Dios, estamos de acuerdo con la voluntad de Dios; porque la voluntad de Dios es perfecta; entonces, si no sucede aquello que tú quieres porque no es la voluntad de Dios, te sucede algo mejor, siempre bueno.

DESPEDIDA

Les voy a decir adiós, hasta dentro de un ratico; pero primero les voy a decir que espero les haya gustado esta enseñanza, así como espero que hayan notado que es una *enseñanza práctica* para la vida diaria, que no tiene nada que ver con el *Indice* y los libros que la Iglesia ha prohibido. Me han preguntado muchas veces: "Pero, ¿y la Iglesia permite?" A menos que la Iglesia prohíba la ciencia, es decir, prohíba la medicina, la química y demás ciencias... entonces no habría llegado el hombre a la luna. Lo que yo digo es científico, absolutamente científico ya que -como ven- está basado en lo positivo, en la paz, en la verdad, todo eso es Amor, amor al prójimo. De manera que si les han gustado estas enseñanzas, sepan que hay muchas otras cosas buenas, muy buenas. Esto no es sino un poquito, así como para abrirles el apetito, y para que salgan de aquí resolviendo problemas ya. Eso es puro Amor; así es que estamos muy a la orden, espero que les haya gustado.

Piensa lo Bueno y se te Dará

INTRODUCCION

En la opinión de esta autora las verdades más profundas pueden ser perfectamente comprendidas por toda persona mayor de diez años y de mediana inteligencia, siempre que le sean presentadas en lenguaje sencillo y en una forma que puedan aplicar a su vida diaria.

Los tratados de Filosofía y Metafísica contienen un tesoro de enseñanzas para el logro de una vida próspera, feliz y asegurada contra todos los males corrientes que aquejan el ser humano; pero la fraseología técnica está más allá de la comprensión de la persona común. Diríase que los grandes Pensadores y Maestros, lejos de sentir el deseo de compartir el tesoro con la mayoría, se esforzaron en ocultarlo tras barricadas retóricas y jerigonzas especiales.

No hago sino copiar las normas de mi Maestro, el Dr. Emmet Fox, al pretender hacer inteligible, aunque muy condensado, dicho tesoro metafísico, presentándolo en los términos de la vida cotidiana y corriente.

Nada, pues, de lo que aquí aparece, es nuevo. Todo ha sido anotado desde Enoch, el cual *La Biblia* remonta al sexto descendiente de Adán.

Jesús paso los años ocultos en el monasterio Esenio de Qumrán, en donde fue educado según las enseñanzas de Enoch. Más tarde, en la controversia que se estableció entre judios y cristianos, todos los textos de Enoch fueron recogidos y quemados por ambos bandos, salvo algunos ejemplares que lograron ocultar algunos particulares.

Los cristianos de los primeros siglos, querían borrar toda indicación de que las enseñanzas del Maestro eran de origen judío; y los judios repudiaban a Jesús y destruían todo lo que pudiera identificarlo con ellos. Las autoridades de la iglesia cristiana, hicieron adulterar y mutilar sus textos en donde quiera que apareciera que la enseñanza se originaba en Enoch. El resultado de esto fue *El Nuevo Testamento* que deja en la obscuridad el fondo de la Verdad.

El Monasterio también pereció por el destrozo; pero los Esenios pudieron rescatar su valiosa biblioteca que ocultaron en las cuevas que están en proceso de descubrimiento y llamadas hoy del "Mar Muerto".

La Organización Rockefeller ha ubicado en la región un gran establecimiento, dedicado a autenticar y traducir los pergaminos que van apareciendo, entre ellos, originales de Enoch y los textos auténticos de *La Biblia*.

CRISTIANISMO DINAMICO

Antes de emprender cualquier oficio, el candidato que lo va a desempeñar recibe instrucciones o estudia la técnica del oficio. El único oficiante que emprende su cometido totalmente a ciegas el ser humano, ¡al lanzarse a la máxima tarea de *vivir*!. Sin brújula, compás o diseño, sólo equipado con el material secundario y sin nociones de preparación básica es lanzado al laberinto... ¡y ojalá que no incurra en el mal!

Hay vidas que transcurren entre la opulencia y las satisfacciones. Otras transcurren en la miseria. Las hay que se inician con todas las ventajas de la educación, la ciencia, la medicina, la religión y todas las previsiones que pueda idear el afecto y la fortuna, ¡y las persigue un atajo de calamidades! ¿A qué se debe la colección de diferencias?

La primera ley de la creación es la siguiente: *lo que piensas se manifestará*. No solamente en tu cuerpo y tu carácter. En lo exterior. En lo material. En tus condiciones. En lo que te ocurre. Tu propio concepto es lo que tú ves suceder.

Si tienes formado el *concepto* de que la salud es el estado natural del hombre, eres de constitución saludable hagas lo que hagas. Si tu concepto es que la riqueza es inevitable, serás siempre rico. Si consideras que tu destino es la pobreza, los accidentes, la muerte, los achaques de la vejez, la mala o buena suerte, ser víctima de la maldad o merecedor de todo lo mejor, la lucha constante o la plenitud sin esfuerzo; lo que quieras que tú esperes normalmente, o aquello con que tú cuentas en mal o en bien, ésa es la condición en que vives o verás manifestarse.

No se está jamás *consciente* de la mayoría de estos conceptos. Se forman involuntariamente cuando se ignoran las leyes de la creación. Estas constituyen la brújula, el compás y la materia prima con que se debería equipar a un niño antes de aprender el alfabeto.

Con lo que hasta aquí has leído, te habrás dado cuenta de que el hombre no es lo que siempre se ha creído: un corcho en medio de una tempestad, batido aquí y allá según la ola. Su mundo, sus circunstancias y todo lo que le ocurre en su vida son creaciones de él y de nadie mas. El es quien ordena. Si su concepto de la vida es que está en una tempestad y él es un corcho en medio de ella, así será. El lo ha ordenado y permitido. El es el rey de su mundo. Eso es lo que significa "nacer con libre albedrío". Libre de escoger entre pensar positivamente o pensar negativamente. Toda su vida, todos sus logros o sus fracasos, todas las manifestaciones dependen del concepto que tengan establecido en el subconsciente. Hoy sabemos que lo que pensamos a menudo pasa al subconsciente y se radica allí actuando como reflejo. La psicología lo ha comprobado. La Metafísica y la filosofía ahondan mucho más en la mecánica expresada, pero como dije anteriormente lo expone en una forma tan compleja y enredada que casi no es posible comprenderlo.

Cuando el pobre ser humano se ve envuelto en los efectos de su ignorancia; cuando ha producido alguna calamidad que lo tortura, se vuelve hacia Dios y le suplica que lo libre del sufrimiento. La experiencia diaria nos comprueba que a veces "Dios atiende", pero otras veces no. Cuando Dios no atiende, el pobre ser humano es consolado por sus familiares y amigos con las siguientes palabras: "Hay que resignarse ante la voluntad de Dios". ¡Como si la voluntad de Dios fuera mala!. El mismo Jesús dijo: "Paz en la tierra a los hombres de buena voluntad", ¿y podrá creerse que Dios esté gozando de su paz celestial impunemente, estando impregnado de mala voluntad?.

La oración es de una potencia extraordinaria, porque es de un grado altamente positivo. Es dirigir el pensamiento al propio origen del Bien y del Amor y no existe nada más alto. Debe manifestarse el Bien instantáneamente. Debe transformar a ojos vista, como milagro, aquello que necesita transformarse. Pero como la primera ley de la creación es que el concepto es lo que rige en los asuntos de los hombres, si el concepto que tiene Dios el suplicante es que Dios es un magnate caprichoso, lleno de mala voluntad, que manda pruebas y castigos más a menudo que premios y beneficios, el suplicante *verá manifestarse su concepto de Dios*. Es tan sencillo como te lo digo.

"¿Y por qué si Dios es todopoderoso no interviene para que no suceda esto y aquello y aquello y lo de más allá?", preguntan los hombres. Porque Dios es principio. El principio inquebrantable. Inquebrantable significa que no varía. Tampoco puede entrometerse a quebrantar los otros Principios que El ha creado. Si te creó con libre albedrío, El es el primero en respetarlo. Tú escoges tus conceptos, tus opiniones, tus deseos, tus pensamientos, das tus órdenes y El es el primero en considerarlos. Ahora, si el pobre ser humano del cual estábamos hablando, eleva su pensamiento al plano de Dios (y ésta no es sino otra forma de llamar la oración), si el ser humano trata de calmar su angustia y se obliga a pensar en algo bueno, verá el milagro que pide; porque se ha quitado él mismo del camino. Porque ha puesto el problema en manos de Dios, o sea, en el plano del Amor. esto se llama Fe.

LA FE

Habrás visto que la Fe es un sistema, una manera de actuar. La Fe tiene dos nombres: Fe y Temor. Los dos son una misma cosa y una misma fuerza. Se le llama Fe cuando se espera lo bueno, se le llama Temor se espesa lo malo. Así es, tan simple como suena. Cuando tú sientes temor, estás presintiendo algo malo; o sea, presintiendo. Anticipándolo. Esperándolo con todas las fuerzas de tu alma, y él no se hace esperar. Lo estás llamando y tiene que atender porque tú lo mandas. Cuando te ocurre que tú estás temiendo, generalmente anuncias con aire triunfante: "¡Ah!, ¡yo lo sabía! ¡Lo presentía!"; y por supuesto tienes razón; pero ahora verás que no es que iba a suceder inevitablemente y que tus facultades superiores o tus dotes de vidente te lo anunciaron, sino que tú pensamiento lo creó, atrayendo lo necesario para que se manifestara.

Todo pensamiento que va acompañado por un sentimiento, se manifiesta más rápidamente y con mayor fuerza. Esto forma parte de la Ley Primera. El Temor es un sentimiento muy fuerte. Por eso es tan terrible todo lo producido por la combinación del pensamiento y temor. Los accidentes de tránsito que producen la muerte o invalidez, los infartos, el cáncer, la úlcera estomacal y tantas otras atrocidades que aquejan a la humanidad ignorante.

Por supuesto te veo pensando en las causas materiales de todas estas cosas. Te veo protestando interiormente porque siempre se le ha dado importancia a la causa material; por ejemplo, los gérmenes y microbios causantes de muchas enfermedades; pero es que esos virus y gérmenes no son sino **efectos**, a su vez, y no causas. La causa original está en la mente. El germen no es sino uno de los eslabones de una cadena. La enfermedad es el eslabón que le sigue. Te estoy tratando de llevar hacia atrás y no hacia adelante, en el orden de la creación. La causa material es un producto ya terminado. El diseño original, básico, es el pensamiento. Todo lo demás que proviene después en lo exterior, no es otra cosa que el material disponible para la realización de la obra. ¿Me comprendes?.

La Fe es la otra cara de una misma moneda. Por una cara está el Temor, por la otra la Fe. **La Fe es positiva. El temor es negativo.** La Fe produce el aspecto bueno. El Temor produce el aspecto malo. ¡Nadie *teme* jamás que vaya a suceder algo *bueno!*. ¡Nadie tiene Fe en que le vaya a ocurrir algo que considera malo! El pensamiento que está acompañado por la Fe, es, pues, bueno, y se manifiesta más rápidamente y con mayor fuerza al igual que su opuesto. Es posible aprender a tener fe; Ella viene por el conocimiento. Al aprender a emplear la maquinaria de la fe, desaparece todo el temor.

Tú sabes que la Capital de tu país está en tal o cual parte. Tienes ese conocimiento porque te lo han enseñado los que lo conocen. Tú no lo pones en duda y sabes que si tomas el tren o el avión o el auto para dirigirte a la Capital, vas para la Capital y no para la Luna. Pues eso es fe. Tú tienes fe de que la Capital existe y que tu deseo o tu necesidad te llevan a ella. Tienes fe de llegar a ella. ¡No temes llegar a la Luna! El conocimiento destierra la duda. **La Fe destierra el Temor.**

Ya sabes, pues, que el pensamiento negativo produce un efecto que llaman "malo". Que el pensamiento positivo produce el efecto que llaman bueno. Conoces el peligro de acompañar el peligro con el Temor. Esos resultados "malos", efectos del pensamiento negativo y del temor, son los llamados castigos que las iglesias y la gente buena han creído "ser mandados por Dios". ¿Te das cuenta de la magnitud del error?

Jesús dijo: **"Tal como piensa el hombre en su corazón, así es él"**. ¡Aquí está expresado en una cápsula todos la explicación anterior! El pensamiento unido al sentimiento "piensa . . . en su corazón", y la frase minúscula: "así es él" encierran todo en un capítulo; pues el hombre y su mundo son uno. El hombre y todo lo que él reproduce, exterioriza, fabrica, posee y reúne en su contorno, son uno con él; y él (más todo lo enumerado) es un reflejo exacto de la imagen que tiene sentada en el alma.

Salomón lo dijo antes y aún más claro: **"*Según piensas en tu alma, así es*"**.

Proverbios 23:7.

LA MECANICA DEL PENSAMIENTO

Todo el día y toda la noche estamos pensando una infinidad de cosas distintas. Pasa por la mente una especie de película cinematográfica constante, pero desconectada. Entre tantas ideas diferentes nos detiene alguna que otra. A éstas las contemplamos mentalmente, les damos vueltas, posiblemente las comentamos con alguien y luego volvemos a repasarlas más tarde. Esas ideas se convierten en imágenes mentales. La imagen mental es lo que pasa al subconsciente, se establece allí y vuelve, lo que llaman los psicólogos, "un reflejo".

Los psicólogos no estudian sino los reflejos que gobiernan el comportamiento y las aberraciones mentales. Los metafísicos abarcan un campo mucho más amplio y saben que los reflejos gobiernan no sólo al hombre, sino también a todo lo que ocurra al hombre exteriormente.

Tantas veces se contemple o se estudie una idea, tanto más se arraiga su reflejo en el subconsciente. El subconsciente no discierne. Esa no es su función. El no tiene poder para protestar. No tiene voluntad propia. No tiene sentido del humor. No sabe si la orden que le hemos dado es un chiste o es en serio. Su función consiste: primero en almacenar las imágenes mentales, y luego lanzarlas hacia afuera como salen las copias fotostáticas. Es un autómata o un robot. Es un servidor maravilloso que nos economiza toda la tarea de recordar y poner en práctica todo lo que vamos aprendiendo y que hemos ido aprendiendo ¡desde que no éramos más que una gota de agua en el océano!. Es pues un secretario, archivador, bibliotecario insigne. Al no más haber archivado la imagen mental que le preparamos, él comienza a reproducirla, aprovechando la más insignificante oportunidad, para el resto de la vida... y las vidas... del sujeto, *hasta que el sujeto le da la orden de cambiar una imagen por otra.*

Ejemplo: ¿Recordarás tú la primera vez que oíste mencionar el "catarro"?. No puedes recordarlo, eras muy pequeñito. La noticia te vino de tus mayores y por lo tanto no la pusiste en duda. La aceptaste como cosa natural. Después te enseñaron a temerlo. Te advirtieron las causas del catarro y te dijeron que si se te enfriaba el sudor en tu cuerpecito, si entrabas en contacto con algún amiguito catarroso, si te caía alguna lloviznita o si te ponías en una corriente de aire, *inevitablemente* te daría catarro. Todo eso lo viste en tu mente con puntos y detalles. Pasó a tu subconsciente y ya no tuviste que recordar más nunca las advertencias que te hicieron tus mayores. Tú no las volviste a pensar pero tu subconsciente reprodujo con toda fidelidad un buen catarro (el mejor que pudiera producir); cada vez que se te enfriaba el cuerpo, cada vez que te ponías en una corriente de aire, cada vez que se te acercaba un acatarrado y cada vez que te caía un aguacerito. ¡Fíjate bien! *Tú no tuviste que volver a pensarlo jamás*, pero tu subconsciente jamás ha olvidado la orden; hasta el sol de hoy, continúa entregándote, (muy complacido y como quien entrega un regalo) un estupendo catarro cada vez que te descuidas, porque ya tu estás acostumbrado a cuidarte y hasta le refieres a tus amistades el cuento de que "yo no soporto una corriente de aire"; o huyes del que tenga catarro; o dices "no te acerques que tengo catarro", y hasta lo llamas "Mi catarro". Todo lo cual renueva y reafirma la orden dada al subconsciente, ¡como si éste la necesitara!

Esta mecánica es igual para todos los demás males que aquejan al ser humano, desde el catarro hasta la muerte; accidentes, luchas, vejez, pobreza, "mala suerte", fealdad moral, "pecados", cataclismos, guerras, mal tiempo, crisis monetaria, enemistades, pleitos, etc. Los hombres varian pero el proceso de reproducción es siempre el mismo.

La ley que estoy explicándote se llama *El Principio del Mentalismo* y es la primera ley de la Creación. Este es el universo mental. Esto es lo que quiere decir la Metafísica cuando dice "Todo es Mente".

Las leyes de la Creación son siete.

LA VERDAD DEL SER...

Felizmente no estamos obligados a soportar eternamente el castigo que encierra un concepto mal formado. Somos libres, y si queremos podemos cambiarlo por otro que produzca satisfacciones, premios y bendiciones. De la misma forma que se produjo la imagen antigua se produce la nueva; sólo hay que borrar primero la antigua. Hay que desocupar el lugar que ocupaba para ocuparlo con la imagen nueva. Tal como se borra una letra errada o superflua en una palabra escrita, para sustituirla por otra o para eliminarla.

La experiencia ha determinado la técnica a seguir para borrar todo lo indeseable. Es la siguiente: cada vez que te ocurra algo desagradable, piensa y luego repite en voz alta: "No lo acepto. Lo Niego. Lo rechazo". No te alteres, no le pongas énfasis a lo que dices; simplemente dilo con toda calma.

Con la fe que debe darte que tu palabra es una orden que tiene que ser cumplida incondicionalmente. Tu no ves el cambio que ocurre en ti en ese momento. Tal vez no verás el resultado inmediato en el exterior, a menos que estés muy atento a las pequeñas señales; pero de acuerdo con el grado de fe y de convicción que sientas al formular la negativa, así sera el resultado. Si tu fe y convicción son fuertes, el resultado será instantáneo, como un milagro.

La experiencia también nos ha enseñado que no se puede dejar el "hueco" vacío, o medio vacío. Hay que llenar inmediatamente el espacio desocupado. Al terminar de expresar la negativa tienes que "afirmar la verdad", como se dice en el lenguaje metafísico. "La Verdad" es la imagen nueva que ha de grabarse y reproducir el Bien para toda la eternidad. Nos interesa que esta imagen sea lo mejor posible. Que sea la verdad entera y no una semi-verdad. Que constituya la voluntad de Dios, pues Dios es La Verdad y El Bien.

Tal como enseñó Jesús, en el hombre está Dios. En todo hombre hay el Ser Divino. Todo hombre logra verlo, conocerlo y sentirlo algunas veces en el curso de su vida terrena. Es aquel que surge en un padre cuando le presentan su primer hijo recién nacido. Cuando se enamora por primera vez. Cuando se lanza a salvar a otro que está a punto de caer bajo las ruedas de un automóvil. Cuando se compadece ante una desgracia ajena. Cuando se olvida de si para emprender un acto heroico. En todos esos momentos actúa el Ser Divino. Pasado ese momento priva la conciencia terrena que no es "mala". Solo escasa de evolución o adormitada.

El Ser Divino es la Verdad tuya, mia y de todos. El es perfecto, bello, no envejece, no se enferma, no peca, no muere, no sufre, no lucha, no le falta por aprender, todo lo sabe, no falla jamás, no cambia jamás, no teme, no duda y está atento en todo instante a nuestra más insignificante plegaria. Es la Verdad Perfecta. Es **Amor, Inteligencia, Vida, Verdad, Alma Espíritu y Principio**, o sea, la Siete Fases de Dios, porque el Ser Divino es Hijo de Dios, una célula de Dios mismo. Esto no es Panteismo. El hombre no es Dios; así como una gota de agua de mar no es el mar; pero en una sola gota de agua de mar se encuentran todos los componentes del resto del mar. Ella es una célula del mar.

Como nuestra conciencia está adormitada (restringida como un botón de rosa que se va abriendo poco a poco), no sabemos determinar exactamente lo que es el Bien y la Verdad. Quisiéramos que alguien nos lo indicara, nos enseñara y nos dictara la imagen que debemos grabar. Ese "alguien" lo tenemos en el Ser Divino. Jesús dijo: "Conoced la Verdad y ella os hará libres". Todo lo que hay que hacer, al ir a formar una imagen nueva que sustituya la vieja, es recordar al Ser Divino. Simplemente recordarlo. Al instante El inspira la nueva imagen. Digamos que te sientes resfriado, para seguir el mismo ejemplo original; ya sabes que se debe a la imagen que tienes grabada en el subconsciente. Ya sabes que ese resfriado es un reflejo. Si no te agrada el resfriado (porque hay personas que gozan con las enfermedades, las hacen sentirse importantes) lo niegas, lo rechazas, no lo aceptas; y luego recuerdas tu Ser Divino. Al transferir tú el pensamiento del resfriado a la Verdad del Ser, se enchufa (tal como una clavija en un tablero telefónico) en la Verdad correspondiente y "ves" la nueva imagen que debes grabar: La imagen opuesta a la enfermedad es la Vida. "Yo soy Vida", debes decir en alta voz. "Yo soy Vida. La vida es salud. La salud es lo opuesto a la enfermedad. La salud es la única verdad". **Extiéndete por ese camino hasta donde quieras. Recuerda que estás formando una imagen. Mientras más la "veas" mejor para ti.** *Piensa lo bueno.*

Esto es muy diferente a la autosugestión, pues esta sólo consiste en repetir como un loro una frase estereotipada, optimista, siempre igual. La autosugestión no logra sino desflorar la superficie, sin penetrar el asunto y sin conocimiento de causa. La Verdad del Ser razona, investiga, resuelve, penetra y destruye la causa; limpia, sana y renueva el subconsciente, lo fortifica, adelanta al ser humano y le ensancha *la* conciencia. Es una verdadera cura segura y radical, es una cura segura para los defectos, los efectos y los "pecados", pues éstos también son reflejos e imágenes grabadas. El tal "pecado original" verás que no es otra cosa que el concepto, o sea, la imagen que ocasiona el reflejo. Las iglesias creen que es culpa del "Diablo".

El Ser Divino vive permanentemente en el ambiente que llamamos "celestial". Es el ambiente del Bien. No lo olvides, pues ésta también es la *purísima verdad*. Mientras más te identifiques con ese ambiente, más lo reproducirás en tu vida exterior, tu vida diaria. La sensación que más semejanza tiene con lo que deben sentir los hijos de Dios en Todo momento, es la que sentimos cuando recibimos un magnífico regalo. Cuando damos las gracias por un presente que nos llene de satisfacción, sentimos algo que es mezcla de alegría y ternura, ¿ no es así? Bien, ese es estado del que mora "en el Cielo", y ese es el carácter del Ser Divino. Cuando se está en ese estado de ánimo, el "mal" se aleja. El no soporta ese clima. No le gusta. No se aviene a su naturaleza. Por lo tanto, el tercer paso que la experiencia nos ha enseñado a dar, en la práctica de la Verdad del Ser, es el siguiente: Cuando hayas terminado de hacer lo que llamamos el lenguaje metafísico "un tratamiento", o sea, negar y afirmar, siempre da las gracias a Dios como si ya hubieras recibido el premio. Cierra tu tratamiento con una expresión de inmensa gratitud por el Bien ya recibido. Esta es una manifestación de Fe. San Pablo dijo: "La fe es la evidencia de las cosas que no se ven". Y Jesús dijo: "Siempre que ores, cree que recibes, y recibirás".

Este tratamiento está descrito y expuesto en *La Biblia*, por supuesto que en los términos bíblicos, tan simbólicos y encubiertos que ha sido necesario la labor consagrada de expertos en semántica, lingüística, filología clásica y simbología para desentrañar el sentido. *La Biblia* lo llama "Manasés y Efraín", y tiene mucho que decir respecto a estos dos hermanos. Jesús el Cristo, lo enseñó en la forma siguiente: "El que quiera alcanzar la vida eterna, que se niegue a sí mismo y luego me siga a mí".

No quería decir que siguiera al hombre Jesús sino al Cristo. La palabra Cristo viene del griego "*Krystós*" que significa "el ungido", o sea, el Hijo de Dios, La Verdad.

En el *Nuevo Testamento*, Jesús menciona el tratamiento así: "Que sea vuestro hablar No, No; Si, Si; porque lo que pasa de esto de mal procede".

"COMO ES ABAJO ES ARRIBA"

Como dije al comienzo, mi empeño es el poner en los términos más sencillos (a la altura de un ser mayor de diez años y de inteligencia corriente) el significado de los tratados metafísicos, filosóficos, psicológicos y de simbología religiosa, tan obscura para la mayoría y por lo tanto prohibitivos y desperdiciados en su totalidad, a pesar de que son un tesoro inapreciable; y nada de lo que estoy exponiendo aquí es nuevo. Todo está dicho, descubierto y enseñado desde los tiempos más remotos. Sólo está ignorado o mal comprendido.

En cualquier tratado de Biología encontrarás expuesto, en términos técnicos, lo que ahora te voy a describir en palabras "de a centavo". Cuando tu frunces el ceño y amarras la cara, se opera una reacción en la médula cerebral, que baja junto con el fluido de la columna, se infiltra en el hígado después de haber pasado hasta allí por medio de un proceso, que llaman "de ósmosis", entra en el hígado; allí transforma la colesterina en bilis; la bilis altera el humor poniéndote amargo, y ese mal humor te hace amarrar la cara y fruncir el ceño. Es un círculo vicioso que te mantiene en el clima "infernal", en el cual el mal se encuentra a sus anchas, se alimenta y crece y atrae todo lo de su clase que esté flotando por ahí.

Ahora invirtamos el proceso para ver lo que pasa. Al sentirse con el ceño fruncido y la cara amarrada, o al pasar por un espejo y constatar tu expresión, obligate a sonreír y a relajar esos músculos apretados. Se lo debes a tu salud y a tu alma. Inmediatamente se transforma el fluido cerebro-espinal. Cuando llega al hígado actúa como un baño de gracia. Te sientes bien alegre, respiras profundo, se te endulza las expresión. Estás en el clima celestial. Allí no prospera el mal. Huye de él. Allí no ocurre sino lo bueno. Tú escoges. ¿Vives en el cielo o en el infierno?.

"Como es arriba es abajo; como es abajo es arriba". Así lo dijo Hermes, para explicar la *Segunda Ley de la Creación*, que se llama Principio de Correspondencia. Para nuestros propósitos basta el ejemplo que te di en los dos párrafos anteriores. Verás que en el cuerpo y el espíritu se complementan. Tienen que andar juntos y actuar conjuntamente. No podemos divorciarlos. Si el ser humano está feliz, está sirviendo al Ser Divino. Si el hombre está infeliz se aparta del Ser Divino y por lo tanto no está sirviendo a Dios, ya que el Ser Divino de cada hombre es una célula de Dios, o sea, el Hijo de Dios.

LA PALABRA . . .

"*En el principio era el Verbo y el Verbo era con Dios, y el Verbo era Dios, y se hizo carne y habitó entre nosotros*". Así comenzó Juan el Apóstol su Evangelio. Hasta ahora se había creído que "el Verbo" no podía ser otro sino Jesucristo. No. Las catorce primeras estrofas de su Evangelio las escribió Juan como una lección y como una una afirmación metafísica, para preparar su mente a lo que iba a decir. Para que todo fuera de acuerdo con la Verdad. (He resumido las estrofas para no alargar indebidamente estos textos). La afirmación no tiene conexión con el Evangelio en sí.

El Verbo significa lo que es. La Palabra, pero expresado en los términos poéticos y grandilocuentes que tanto gustaban en aquella época. La palabra. La palabra es el pensamiento hablado, y en ese sentido la empleó Juan, convocando a la Verdad para que hablara por él en sus palabras. "Se hizo carne" fue el decreto que se manifestara, " y habitó entre nosotros" es la reafirmación de este decreto. Al mismo tiempo es una información para la posteridad: "En el principio . . .".

Juan fue enseñado íntimamente por el propio Maestro de la Metafísica cristiana, y nos asombra lo bien que expresa el proceso la frase: "*Se hizo carne y habitó entre nosotros*", además de que un solo golpe afirma la Fe. "La Fe es la evidencia de las cosas que aún no se ven". *La Biblia* toda es un poema.

Jesús dijo: "*Por tus palabras serás condenado, y por tus palabras serás justificado*". Más claro no puede expresar la misma a verdad. También dijo: "*No es lo que entra por su boca lo que contamina al hombre, sino lo que sale de su boca, porque lo que de la boca sale, del corazón procede*". Otra diáfana manera de expresar la misma verdad. Se lo dijo a los Judíos para rebatirles la creencia de que era "malo" comer ciertas cosas, como la de comer en la compañía de los Gentiles.

Sin embargo nada de esto ha sido tomado en serio por las iglesias; y la gente (imperdonable en los sacerdotes) continúa hablando tonterías sin darse cuenta que cada palabra que pronuncia es un decreto que se manifiesta en ellos y en sus vidas. Sobre todo aquello de que la voluntad de Dios es algo desagradable y duro de aceptar.

Te propongo que resuelvas un día poner atención a todo lo que digas durante durante ese día. Te sorprenderá la cantidad de decretos negativos que lanzarás.

Vamos a recordarte algunos de los que emplea la mayoría a diario, y tú entre éstos, por supuesto: "Los negocios están malísimos". "Las cosas están muy malas". "La juventud está perdida". "El tráfico está imposible". "El servicio está insoportable". "No se consigue servicio". "No dejes ese dinero allí porque te lo van a robar". "Los bandidos están asaltando en todas las esquinas. "Te vas a caer". "¡Te vas a matar!". "Te va a pisar un carro". "¡Vas a romper ese vaso!". "Yo tengo tan mala suerte que . . .". "Yo tengo muy mala memoria". "Yo no puedo probar eso, me hace daño", "mi reumatismo", "mi alergia", "mi dolor de cabeza", "mi mala digestión", "Ese es un bandido", "esa es una desgraciada", "¡cuando no! ¡Tenía que ser!", etc. etc. Una vez pronunciado el decreto, procede a manifestarse.

¡Y todo es mentira! A la luz de de la Verdad del Ser es mentira. Todo eso es dicho por costumbre sin pensarlo siquiera, porque "del corazón procede". Todo fue grabado con la palabra y el sentimiento. Fue aceptado por el pensamiento.

Claro está, las imágenes ya están lo que se llama metafísicamente "cristalizadas" en el subconsciente, por venir desde muchas vidas anteriores. Al principio tu conciencia no captará la posibilidad de reformarlo todo, pero devanando la cuerda se llega al hilo. Basta con un gramo de buena voluntad. Basta con el deseo expresado o simplemente sentido, para comenzar o deshacer toda la cristalización. Basta con que cada vez que te encuentres expresando un pensamiento negativo, lo niegues, lo rechaces y digas que ya no aceptas más esos conceptos. Luego "ve" la verdad del ser, da gracias con toda tu alma por la sublime oportunidad que se te ha brindado para limpiar tu subconsciente y sanar tu alma. De un solo golpe te has confesado, arrepentido y perdonado; pues la confesión y el perdón no son válidos sino frente a uno mismo. Después, si tú eres católico, puedes cumplir con los preceptos de tu iglesia si tú quieres, pero al primero a quien hay que perdonar es a uno mismo. Hay personas que no se perdonan jamás el haber fallado en algo y por lo tanto se odian. Eso es soberbia y venganza. ¿Con qué derecho buscan el perdón de otro?. Jesús dijo: *"El hombre de su mal caudal saca cosas malas. De su buen caudal saca cosas buenas"*. *"Ama a tu prójimo como a ti mismo"*, implica una autorización para amarse en primer término y al prójimo en segundo. Tenerse respeto y dignidad, aceptarse uno tal cual es, sin exigencias desmedidas y comprender que fallar es humano y el perdonar es divino. Primero pronunciar la palabra de Verdad por uno mismo, para poder pronunciarla por el prójimo.

La palabra es el pensamiento hablado; luego está regida por la *Primera Ley de la Creación*, que en los textos clásicos se llama el Principio del Mentalismo.

Esta primera ley te la expliqué en los cuatro primeros capítulos y he terminado de desarrollarla en éste. Inserté una idea de la *Segunda Ley de la Creación*, o sea, El Principio de Correspondencia, en el capítulo anterior, porque las leyes todas se entrelazan y dependen unas de otras y en ese punto convenía exponerla.

LA VIBRACION

El Diccionario define la palabra "vibración" como un temblor rápido. La mayoría cree que solo el sonido produce vibración. Todo vibra.

La vibración es medida por su velocidad, o sea por el número de oscilaciones que ocurren en un segundo de tiempo y la manera de expresarlo es: "Esta vibración tiene una **frecuencia** de (número)". O sea, "Esto vibra a tal frecuencia".

Entre los colores, el Blanco, que es la reunión de todos los colores vistos en la luz, es el que vibra a más alta frecuencia. El Negro es también la reunión de todos los colores, pero vistos a la sombra; y tiene la frecuencia más baja de todas, o sea cero frecuencia; para nuestro entender.

Los pensamientos emiten vibraciones que parten en todas direcciones, tal como las ondas que se forman en el agua cuando a ésta le cae una piedra; y tiene color. Los pensamientos negativos son sombríos y por lo tanto vibran a bajas frecuencias. La gente los llama "pensamientos negros", con razón. Los pensamientos positivos son luminosos, y a medida que se acercan a la Verdad, van siendo más y más luminosos, hasta que llegan a ser radiantes cuando expresan la Verdad Absoluta que es Dios.

Las altas frecuencias dominan a las bajas frecuencias. Los pensamientos de alta verdad disuelven los pensamientos sombríos, bajos, falsos, actuando como una carga de dinamita en una roca. Esto te hará ver lo que ocurre cuando tú opones el pensamiento y la palabra de la Verdad, a un cúmulo de cristalizaciones sombrías, y por eso te dije que bastaba con el deseo sentido para comenzar a deshacer las cristalizaciones acumuladas en el subconsciente.

Las personas que tienen la videncia desarrollada (todos tenemos esa facultad, pero la mayoría no la ha desarrollado) conocen los pensamientos por su color y como saben el resultado exterior de cada tipo de pensamiento pueden predecir el futuro. Ven claramente el producto inevitable de cada persona.

Los pensamientos de amor y buena voluntad son color de rosa iridescente. El de la pasión sexual es rojo encendido. El color de los pensamientos de vida es Amarillo. El de la inteligencia es lo que llaman hoy *chartreuse*, muy luminoso. Los de misticismo son color violeta iridescente y profundo. Cuando hay negatividad mezclada con estos colores, el tono se vuelve sucio. Por ejemplo en la persona cuya inteligencia está aún sin desarrollar, o que está embrutecida, el color es el de la mostaza. La pasión sexual, cuando no es comprendida y está guiada únicamente por el instinto animal, es marrón rojizo.

Las vibraciones mentales forman un aura de forma ovoide alrededor del cuerpo, y en esa aura se ve toda la composición de colores que emanan del pensamiento individual. El subconsciente limpio, positivo, produce un aura luminosa, multicolor, como el oriente de una perla. Como las altas frecuencias dominan a las bajas, ningún pensamiento negativo que viene de afuera puede penetrar en un aura y un ambiente positivo. Para que pudieran penetrar en la mente de un individuo, este se tendría que poner "a tono" con ellos, o sea que tendría que ponerse a pensar en forma negativa.

La Ley de Atracción es inmutable. Ella ordena que todo atraiga su igual. Las imágenes que estás grabadas en el subconsciente, atraen irremisiblemente todo lo de su misma clase y repelen todo lo que no sea afín con ellas. Por eso es que si el concepto del individuo es bueno, no se ve sino el Bien. Como no puede atraer lo que no es igual a su concepto, no puede acercársele nada malo; y a la inversa. El individuo que está lleno de conceptos errados no le ocurren sino cosas malas, porque no le es posible atraer otra cosa. Esa es la explicación del llamado "contagio del pánico".

¿No has notado que cuando te entregas a meditar o darle vueltas en tu cabeza a algún incidente, digamos una malacrianza que se te ha hecho, o una ofensa, como te va aumentando la indignación y el resentimiento? ¿Comprendes ahora que atraes todos los pensamientos iguales y que éstos vienen a aumentar el volumen de los tuyos? El que ya conoce esta ley, no se permita jamás el lujo de entretener en su mente una sola idea desagradable. Al pensarla la rechaza, la compara con la Verdad del Ser y piensa inmediatamente en algo bueno. Espero que te habrás dado cuenta de la necesidad de mantenerse risueño, viviendo en el clima celestial. PIENSA LO BUENO Y SE TE DARA.

Debido a esta ley de la atracción, al salir un pensamiento de la mente busca a sus semejantes y se junta con ellos. Hay en la atmósfera grandes masas como nubes de pensamientos. Si el concepto colectivo de una ciudad es pesimista, las nubes son gris oscuro. Planean sobre la ciudad rodean a los habitantes, acuden a donde sean atraidas, mantienen a toda la población en su mismo concepto, y a esto se debe el "carácter" de las diferentes nacionalidades y razas. ¿No te ha ocurrido entrar a una casa y sentir el ambiente pesado o alegre golpearte al entrar? ¿Has notado el ambiente mortuorio o triste de un entierro? ¿Has sentido el ánimo oprimido al pasearte por una casa vacia, sin comprender el porqué? No hace mucho yo acompañaba a una amiga en la búsqueda de un apartamento. Al entrar en uno de aspecto muy bonito, muy elegante, y al parecer muy convincente, ambas tuvimos una sensación muy desagradable y lo comentamos. Al dia siguiente fuimos informadas que allí había ocurrido una serie de tragedias.

Las personas de mente positiva aligeran el ambiente, las masas negras huyen lejos para luego regresar cuando ya no está presente quien las perturbe. Si un metafisico entrenado entra en contacto con semejante ambiente, deja un beneficio duradero, porque su sola presencia destruye la obscuridad, de la misma forma en que se disipa la noche cuando se enciende una luz. ¿Para dónde se va la obscuridad cuando sale el sol? Para ninguna parte, se convierte en luz.

La persona que ya ha logrado transformar sus conceptos, que ya ha formado el hábito de consultar y conectar todo con el Ser Divino, tiene el poder de destruir las cristalizaciones ajenas con solo "pensar la Verdad" frente a los males que ve ocurrir en otros. Esta es la explicación de las curas y milagros de Jesús.

El Mandamiento de "*Amar al prójimo como a uno mismo*" no significa que estamos obligados a sentir afecto. "Perdona a tus enemigos". "Haz el bien a aquellos que te persiguen y te odian". "Vuelve la otra mejilla". Todo esto significa que al mirar el mal en otro, debemos pensar en su Ser Divino y declarar la Verdad. Simple, sencillo y fácil. No hay modo más práctico de disolver el resentimiento que tengamos. Muchas veces oímos exclamar: "Yo perdono pero no puedo olvidar!". Si tú eres de estos, ensaya lo que te he dicho. No tienes necesidad de dirigirte a la persona que te ofende. No tienes para qué mirarla. Será mucho mejor que no la mires, porque no podrías apartar el pensamiento de lo que te ha hecho. Simplemente piensa en el Ser Divino **tuyo,** ya que es uno mismo en todos. Dirígete a éste y al instante sabrás cuál es el "tratamiento" que debes dar; o sea que te vendrá a la mente el aspecto de la Verdad que debes invocar. Contra el odio y la inarmonía, El Amor. Contra la enfermedad y la amenaza de muerte, la vida. Contra la estupidez, la inteligencia. Contra el desorden, el Principio. Contra las barreras absurdas, las fronteras arbitrarias, las prohibiciones "legales" sin lógica, de las cuales te citaré algunas para que vayas aprendiendo a emplear bien la Verdad: inconvenientes de pasaportes, retardos de entregas de documentos, molestias de tránsito, papeleo burocrático, inconsistencias policiales y gubernamentales...contra todo esto, Espíritu. Dios es Espíritu. ¿Quién detiene, atrasa, retarda, impide, prohíbe u opone barreras absurdas a Dios? ¿Qué cosa impide pasar el espíritu?

Todo esto es la Verdad. El pensamiento que se torna a la Verdad vibra a la más alta de las frecuencias y ninguna otra frecuencia menor la puede dominar. Sólo hay un peligro permitir que se mezcle la impaciencia o la ira con un pensamiento de la Verdad. Todo trabajo espiritual tiene que ser hecho con calma. Mi maestro exigía aún más. Recomendaba que todo trabajo espiritual fuera hecho **"como quien pinta un cuadro sobre una tela de araña".** Esto se debe a que las vibraciones del pensamiento espiritual son de tan altísimas frecuencias y de un poder tan grande, que hay que manejarlas con gran delicadeza.

La Vibración es la *Tercera Ley de la Creación.*

EL VACIO

El vacío no existe. Más que nunca en este siglo se está comprobando. El aire está lleno de átomos y de partículas de polvo. El átomo es mitad espíritu y mitad materia. Materia porque es el comienzo de ésta. Espíritu porque es invisible y es energía. El átomo está al borde de la división entre materia y espíritu.

La Naturaleza no soporta el vacío. Deja un potecito de tierra desatendido y olvidado, al poco ha brotado en él una espiguita verde. Lo mismo ocurre con un recipiente de agua. No tardará en mostrar minúsculas larvas de vida en agitado movimiento.

La Naturaleza tampoco soporta el desperdicio, todo está en proceso de convertirse en algo útil, todo sirve para algo y para alguien y todo tiene su sitio propio y exacto.

Todo ser humano viene a la Tierra con lugar ya dispuesto para él; con una labor que realizar, equipado con un talento especial que lo dispone al trabajo y al puesto que le pertenece.

Así como cada huella digital es única en el mundo y en toda la Historia de la Tierra, cada individuo es único; su puesto, sitio o lugar es únicamente para él; nadie más puede desempeñar la labor como él. Si el sitio que le corresponde está momentáneamente ocupado por otro, los dos individuos se sentirán defraudados, frustrados, incómodos y estarán haciendo mal lo que estén desempeñando en el momento.

La labor que nos corresponde a cada uno, sea en el Comercio, en las Artes, en las Letras, en la Sociedad, en la Religión, en el Gobierno o en la Agricultura, es muy fácil determinarla; cada uno está capacitado para conocer su lugar único. Está en aquello que más le gusta hacer en el mundo. Aquello que no parece trabajo, que cuando uno lo está haciendo se olvida de todo y consideraría absurdo que le pagaran por hacerlo cuando se está divirtiendo tanto. Esta está de acuerdo con la Segunda Ley de la Creación, o sea, el Principio de Correspondencia.

Si eres un desajustado, busca en ti lo único que te gusta hacer, declara que tu lugar te está esperando, reúnete con personas de tu misma afinidad, dirígete hacia el lugar que más te guste, y pide luz a tu Ser Divino para que te indique dónde debes encontrarlo.

Lo mismo debes hacer cuando veas a alguien sin trabajo o sin propósito en la vida. Declara la Verdad por él. El desempleo es un concepto errado. La inarmonía es producto del desajuste. El vacío no existe, el desorden no existe, ni el desperdicio. Este es un universo basado en el orden y la armonía entre todas sus partes.

Cuando hace falta algo; desde un tornillo hasta un marido; desde un cuchillo hasta una suma de dinero; desde un lugar para estacionar el carro hasta una cocinera buena y honrada, lo que sea, declara la verdad: "La naturaleza detesta el vacío, el desajuste y la inarmonía". Verás aparecer el complemento de alguna manera. A alguien le falta lo que a ti te sobra. A alguien le sobra lo que a ti te hace falta. La Oferta y la Demanda es parte de la *Cuarta Ley de la Creación*, que es el Principio del Ritmo.

Un joven me consultó una vez en este mismo sentido. Perdía todas las colocaciones y se encontraba desajustado en todas partes. "No sirvo para nada. Todo lo hago mal", me dijo:

- ¿Qué es lo que más te gusta hacer?-le pregunté.

- Nada -me contestó-. Me gusta no hacer nada.

- ¿Y por qué pierdes todas las colocaciones?

- Porque me aburren y me pongo a conversar con mis compañeros de trabajo, los distraigo y pierden el tiempo de la Empresa.

- Entonces, tus compañeros de trabajo encuentran que lo que les conversas vale la pena escucharlo?

- Bueno ... Sí. Ellos también se olvidan del tiempo y del trabajo y...

- Bien, no busquemos más -interrumpí-. Si lo que tú hablas, o la manera de exponerlo ejerce tal magnetismo, estás mandado a hacer para un puesto en Relaciones Públicas. Búscalo hasta que lo encuentres. Te está esperando.

Así lo hizo. Cuando lo volví a ver irradiaba plenitud.

A esta verdad se refería Jesús cuando dijo: "Mirad las aves del cielo como ellas no siembran, ni siegan, ni recogen en graneros; y vuestro Padre Celestial las alimenta. Considerad los lirios del campo como crecen; no trabajan ni hilan; mas yo os digo que ni aun Salomón en toda su gloria fue vestido como uno de ellos". Esto no significa que estamos autorizados para entregarnos a la pereza y que la comida y las ropas nos caerán del cielo. Lo que significa es que cada cual en su sitio apropiado tendrá todo lo que necesita, sin trabajo y sin esfuerzo.

A los pájaros no les corresponde sembrar ni segar ni recoger en graneros. Esto sólo le corresponde al hombre que en ello encuentre su mayor placer. El cometido de las aves es el de continuar la especie voladora que va a tener al Plano Angélico. Su contribución a la vida del hombre es de la recrear la vista y los oídos.

A las flores no les corresponde trabajar hilando telas. Su cometido es el de florear simplemente. Su contribución, además de recrear la vista y adornar, es la de proveer con la miel y el polen a completar la labor de las abejas. La Mente Superior se encarga del resto. Así nosotros, cada uno en su sitio natural, estamos ajustados, somos felices y rendimos la utilidad que se desprende. La Mente Superior completa la Ley.

EL DERECHO DE CONCIENCIA

Hemos vivido centenares de vidas anteriores a la que ahora estamos viviendo. Fuimos un átomo, fuimos una gota de agua, fuimos vegetal, mineral, animal y hombre. En nuestra etapa humana hemos sido hombre o mujer muchas veces. Hemos pertenecido a todos los niveles sociales y en cada uno de esos niveles, hemos aprendido las lecciones propias del nivel.

Si hoy somos personas que vivimos rodeados de las ventajas, comodidades y adelantos modernos, es porque lo hemos merecido en nuestra trayectoria. Cada objeto que poseemos por herencia, por compra o por arreglo, lo tenemos ahora, porque en alguna vida anterior aprendimos a usarlo y nos habituamos a él. La imagen de ese objeto es ya un reflejo en nuestro subconsciente y a menos que nosotros mismos la disolvamos, el objeto lo tendremos siempre con nosotros. Ese u otro igual.

Este derecho adquirido, se llama en el lenguaje metafísico "El Derecho de Conciencia". Significa que no es posible poder jamás, ni es posible que se nos pueda robar un objeto cualquiera, ni una joya, ni un dinero. Absolutamente nada. ¿Cómo se puede perder ni ser robada una imagen que está grabada en nuestro subconsciente? No es posible.

Es parte de la *Cuarta Ley de la Creación;* de ella dijo Jesús: "No os alleguéis tesoros en la tierra donde los ladrones las hurtan y el molho destruye. Antes allegaos tesoros en el cielo, donde el moho no puede destruirlo ni los ladrones los pueden hurtar". La creencia general es que esto significa que debemos coleccionar virtudes y despreciar las posesiones terrenas, pero no es así. El Maestro expuso la Ley en esas palabras, añadiendo: "*Porque donde está tu tesoro está tu corazón*". Ya sabemos lo que El quería decir con la palabra "corazón"; además la frase como El la dijo era: "*Porque lo que está en tu corazón es tu tesoro*". Fue mal traducida y adulterada cuando la pasaron del idioma arameo (en que hablaba Jesús) al latín.

Cuando a ti se te extravía algún objeto de tu posesión, cuando se te pierde algo por la calle y cuando algo te sea robado, con sólo recordar el hecho de que tú posees lo tienes por derecho de conciencia; que está grabado en tu subconsciente y esta imagen no te la pueden quitar ni la puedes perder, basta para que el objeto aparezca intacto. Alguien te lo devuelve, lo encuentras tú mismo o reciben un regalo de un objeto similar. Sin ningún esfuerzo para ti volverá a tus manos de ahora en adelante, porque ya conoces la Ley. No la olvides. No te angusties ni temas a los ladrones. Tu pensamiento en ese respecto se convierte en positivo y no se te puede acercar alguien con intención de hurtar. Te recomiendo hacer la prueba la próxima vez que extravíes algo. Declara: "Nada que es mío por derecho de conciencia puede perderse o ser robado". Luego da las gracias por el inmenso don que se nos ha conferido en una ley tan sabia. Cuando el objeto vuelva a tus manos, lo cual no tardará en suceder, vuelve a dar las gracias.

Mi Maestro decía que él que conoce la Ley del Derecho de Conciencia y la practica hasta formar de ella su concepto; puede dejar en medio de una calle transitada un billete de alta denominación, y nadie lograría verlo. Al día siguiente lo volvería a encontrar en el mismo sitio.

Para lo cual es necesario tener el concepto ya formado y la imagen del temor a los ladrones totalmente disuelta. Yo sé que la primera vez que empleé la ley, únicamente por obediencia y sin tener la convicción sembrada en mí, estaba en Nueva York y dejé mis anteojos olvidados en un taxi. Al llegar a la casa me di cuenta de que los había perdido, y como venía de la clase de metafísica con la lección fresca en la mente, declaré al instante la Verdad: "Nada que es mío por derecho de conciencia se puede perder. Mis anteojos volverán a mí. Ellos están en el sitio que les corresponde: frente a mis ojos".

Pasaron cuatro días y me llamaron de la Conserjería para que bajara a hablar con un *chauffeur* de taxi que me buscaba.

- Señora, ¿serán suyos estos anteojos? -me preguntó al verme, extendiéndome los lentes.

- Sí, son los míos. ¿Cómo se le ocurrió a usted que eran míos?

- Mire usted qué cosa tan extraña la que me ha sucedido. Los taxistas tenemos que entregar en la oficina todo objeto olvidado por si lo reclama el cliente que lo dejó. Yo no pude decidirme a entregar estos anteojos. Como en la oficina quedan anotados todos los recorridos que hacemos cada día, yo me impuse la tarea de visitar a cada cliente que conduje ese día. He tenido que hacerlo fuera de horas de trabajo, por supuesto, y por eso me he tardado cuatro días hasta encontrarla a usted. Esto jamás me ha sucedido. ¡Unos lentes corrientes!

Le di una buena recompensa y se me quedó grabada la ley desde ese momento.

Sin mis anteojos no veía claro, no podía escribir, se interrumpía el ritmo de mi vida. Este mínimo detalle alteraba el ritmo de una serie de otras cosas que afectaban a terceros. El Universo está basado en el orden y la armonía entre todas sus partes.

POLARIDAD

No hay un solo deseo tuyo que no puedas realizar. Todo aquello que tú consideras imposible de obtener, aquello que juzgas "demasiado bueno para que te ocurra", es precisamente lo que más deseas en el mundo. El deseo está en el fondo de tu corazón. Lo único que no lo deja surgir es el temor, las dudas y los decretos negativos que haces constantemente. Muy especial ese decreto: "Es demasiado bueno para que se manifieste".

Cambia de Polo. Hasta ahora has estado actuando de fijo en el Polo Negativo. Cámbiate al Polo Positivo. Esto lo haces de la manera siguiente: Declara de una vez que tú hayas terminado de utilizar los conceptos de ayer, que hoy eres una persona nueva, distinta, que reclamas tu bien, que lo deseas y estás esperando que comience a manifestarse ahora mismo. Declara que ya no quieres vivir más en el ambiente del mal, sino en el ambiente del bien. Decreta la Verdad de que por virtud de tu deseo y tu palabra expresaba, ahora mismo, ya, estás viviendo en el Polo Positivo, y niégate a aceptar ninguna duda al respecto.

Ahora procede de la siguiente manera: cada vez que expresas un deseo, di: "Yo deseo tal cosa, en armonía para todo el mundo y si es la voluntad del Padre. Gracias Padre porque ya me has oído". De esta manera no podemos causarle ningún inconveniente a alguien. Como nuestras vidas están tan entrelazadas, el bien tuyo podría constituir el mal de otro. Vamos a poner un ejemplo: Tú y otra persona desean un mismo objeto, no hay sino uno solo; tú, con tus conocimientos superiores lo obtienes; pero te has perjudicado. Como en la verdad no existe semejante situación, tú al desearlo en armonía para todo el mundo y si es la voluntad del Padre, obtendrás lo que deseas, ése u otro idéntico o mejor. Serás guiado al lugar donde se encuentre. Ella tampoco (y nadie) ha sufrido perjuicio.

En este ejemplo sencillo estás viendo el objeto. Pero en muchas otras circunstancias no será un objeto que tienes por delante, sino algo que tú crees que te incumbe a ti nada más, cuando en realidad puede alterar el ritmo de otro u otros.

No te antojes jamás de algo que otro posee. No es necesario despojar a nadie para satisfacer nuestros deseos. Todo lo que puedas anhelar ya existe en tu propio caudal. Reclama tu propio Bien.

Muchas veces nos empeñamos en lograr algo y luego nos arrepentimos de haberlo obtenido. Esto se debe a que lo que hemos deseado obedecía a un mero capricho. Por eso siempre se debe desear o pedir de acuerdo con la voluntad del Padre. Así estamos seguros de que lo que manifestamos es lo que nos va a satisfacer.

LA BENDICION

Has la prueba tú mismo ensayando lo siguiente: Pon dos plantas una al lado de la otra. Riégalas a las dos todos los días, pero escoge a una de las dos para bendecirla y alabarla. Dile muchas cosas bonitas. Amala. A la otra cuidala pero no la bendigas ni la alabes. Verás tú mismo el resultado.

Cada vez que sucede algo malo o desagradable, no pierdas un instante; di: "Es por bien. Bendigo el bien que contiene". Todo contiene el Bien y al tú bendecirlo se aumenta y se manifiesta. Lo que parecía malo se convierte en una gran bendición y una felicidad, porque lo habrás pasado al Polo Positivo.

No bendigas a las personas, bendice al Ser Divino en ellas. No bendigas a un enfermo, bendice al órgano saludable que está manifestando una mentira. Bendice la salud y la Verdad en él.

Ten cuidado esmerado en no expresar jamás algo que vaya en contra de otros. La ley del Ritmo ("No hagas a otros lo que no quisieras que te hicieran a ti") es un buen bumerang y no perdona. Lo que le hagas a otros se devuelve y te lo harán a ti. Si le deseas mal a otro te ocurrirá ese mal a ti. Si calumnias o criticas, otros te calumniarán y te criticarán. Si bendices a otro encontrarás quien te bendiga a ti. Si ayudas a otro, encontrarás ayuda cuando más lo necesitas. Si perdonas serás perdonado. El Ritmo es un péndulo.

Cuando alguien te haga un daño, no lo bendigas. Bendice su Ser Divino, dile mentalmente "que se te haga el bien" y piensa en otra cosa. Así cuando tú hagas algo sin intenciones de herir o molestar a otros, pasará desapercibido y nadie lo sentirá.

Cuando te irrite un majadero, bendice en él "un ángel desconocido". Verás que te dará una buena noticia o un dato útil.

Cuando no quieras ser interrumpido en algún trabajo, declara la armonía del Ser. Di "No es armonioso el ser interrumpido.

Dios está en este trabajo y al mismo tiempo en el importuno. No es posible que Dios se divida en dos y que las dos partes sean antagónicas".

El Universo está constituido así. Todo surge del principio masculino y femenino. El pensamiento es masculino, Polo Positivo; El Alma es femenina, Polo Negativo. Ahora es cuando puedes comprender lo que al principio te hubiera confundido; y es que el pensamiento, para manifestarse, necesita unirse o ser casado con un sentimiento.

El alma es la sede de las emociones, de los sentimientos...

ALMA

Casi no te he nombrado el alma, porque es un estudio que ha ocupado demasiado la atención de los hombres. El alma es ese "fantasma" que a veces aparece y asusta. Es también la sede de las emociones.

El alma del hombre habita lo que llaman "el Plano Astral". Lo habrás oído nombrar mucho. Las fuerzas que rigen en ese Plano son llamadas "psíquicas". Es el reino de las experiencias fenomenales como el espiritismo, la mediumnidad, ciertas manifestaciones magnéticas, etc. Es un plano muy ameno, muy distraído, muy interesante pero también aterrador, a veces. Pocos de los que se dedican a estudiarlo, deslumbrados por sus manifestaciones misteriosas, pasan de allí. No adelantan ni espiritual ni materialmente, a pesar de que todos viven bajo la ilusión de estar en La Verdad.

Jamás ningún estudiante del Plano Astral es feliz, ni sano de cuerpo, ni rico. No logran dominar sus problemas ni sus defectos. Sus conceptos son negativos y ven el mal como el resto de los ignorantes. *"Por sus frutos los conoceréis"*, dijo Jesús.

Para resolver sus problemas los verás consultando con las almas de los muertos; corriendo a consultar a las personas que leen la mano, tiran la cartas y predicen el futuro.

Estos "espíritus", o almas descarnadas, siempre son del mismo grado de evolución del que las llama, pues no se puede atraer, ya lo sabes, sino lo que sea igual a la propia conciencia. Generalmente los consejos que reciben son contradictorios, de acuerdo con la opinión del "espíritu" que lo esté impartiendo, y llevan a sus víctimas de la confusión al desastre.

Las personas "psíquicas", estudiantes del Plano Astral, tratan de asombrar a los demás con sus conocimientos misteriosos y que rara vez "les es permitido revelar". El "psiquismo" termina por enloquecerlos, porque sin la guía del Ser Divino y la Verdad, el Plano Astral se convierte en un laberinto sin salida.

A ese plano se refirió Jesús cuando dijo: "*Ancha es la puerta y espacioso el camino que lleva a la perdición, y muchos son los que entran por ella. Porque la puerta es angosta y estrecho el camino que lleva a la vida, y son pocos los que la hallan*". La puerta angosta, que, sin embargo, se abre a la amplitud de la vida "mira" hacia el Ser Divino, pues mirando al Bien se produce el bien. Mirando siempre hacia la sombra no se manifiesta sino sombra. "Por sus frutos los conoceréis".

En *Génesis*, (cap. 30 - ver. 30) este axioma: "*Por sus frutos los conoceréis*", está simbolizado en el siguiente relato. Después de haber servido a Laban, al padre de su esposa, durante muchos años con toda eficacia y lealtad, y no haber recibido ninguna recompensa, Jacob le pidió a su suegro que le diera un salario. Laban le preguntó: "*Qué te daré?*. Y Jacob le contestó: "*Aparta de tus reses todos los machos cabríos listados y manchados y todas las cabras salpicadas. Estas y la cría que salga listada, manchada y salpicada serán para mí. Los blancos y los negros serán todos tuyos de hoy en adelante*". Laban convino y separó las bestias. Jacob entonces cortó varas de álamo, de avellano y de plátano oriental, descortezó en ellas listas de manera que apareciera lo blanco de abajo contrastando con lo que les quedara de corteza oscura, y las echó en los abrevaderos de las reses de Laban. Estas tenían que mirar las varas cada vez que bebían el agua en que flotaban, y la cría que parían salía también manchada, listada y salpicada. De esta manera aumentó sus rebaños en cantidades extraordinarias.

No se trata aquí de una lección de moral sino de exponer la ley, a la manera bíblica; de lo que se mira se reproduce.

El ser astral es humano. El alma humana es la que se gradúa al Plano Astral y es la que acude a las sesiones espirituales. Conserva aún sus conceptos intactos y no sabe ver ni juzgar de otra forma, sino de acuerdo con lo que ve.

Tú que estás buscando la luz y que tal vez eres miembro de alguna secta u orden de las que se llaman "espirituales", observa el fruto de tus maestros y dirigentes. ¿Padecen de enfermedades y achaques? ¿Mueren tuberculosos o de cáncer? ¿Viven de limosnas o exigen contribuciones determinadas, o condenan el dinero? ¿A menudo sufren de la calumnia y la persecución? *"Por sus frutos los conoceréis"*. Ignoran por completo el significado de las leyes básicas. Sus conceptos son tan errados como los tuyos. ¿Qué te pueden enseñar? ¿Ostentan títulos altisonantes de suprema autoridad? Jesús dijo: *"No llaméis a nadie Padre, pues uno solo es tu Padre que está en el cielo"*. ¿Llevan vestimentas impropias de la época en que vivimos? Están viviendo aún en el pasado remoto; en la Era precristiana cuando la moda en los hombres era la bata y el manto. Sus ideas están en esa era. No han avanzado un paso. ¿Restringen la libertad de acción de sus discípulos? ¿Prescriben unos alimentos o imponen otros? Ignoran hasta las enseñanzas del que dicen seguir: el último y el más grande de todos los Maestros, Jesús, quien dijo: *"No es lo que le entra por la boca lo que contamina al hombre, sino lo que sale por su boca"*. No tienen nociones de ciencia alguna. ¿Qué clase de "Maestro" es el que ignora el Principio de Vibración, tercera de las leyes de Hermes, el más conocido y popular de los iluminados de la Antigüedad?

"Por sus frutos los conoceréis" significa que por sus problemas, sus achaques, su pobreza, o sea, su *manifestación*, podrás juzgar cuáles son sus conceptos. ¿Sus libros y textos subrayan el castigo, la amenaza, el peligro, inspiran angustia y temor? El capítulo 23 de Mateo Evangelista transcribe las palabras de Jesús tocantes a éstos individuos. Los llama *"falsos profetas que vienen a vosotros vestidos de ovejas, mas por dentro son lobos rapaces"*, y repite: *"Por sus frutos los conoceréis. No se cogen uvas de los espinos ni higos de los abrojos"*.

Hay sectas que irradian bondad y amor al prójimo. Su intención y buena voluntad son inmejorables, pero muestran una crasa ignorancia de los principios básicos de la Creación. Algunas no comen carnes, alegando que la carne animal ensucia al hombre con sus vibraciones impuras. No tienen conocimiento alguno de la naturaleza de estas vibraciones y sus frecuencias. Ya tú sabes que el pensamiento puro no puede recibir al impuro y lo que es más, lo neutraliza o lo transforma, como la luz a la sombra.

Una de las pocas maneras que tiene el animal para adelantar rápidamente en su evolución es la de servir al hombre. Cuando la oportunidad de servir se le presenta a un animal, El espíritu que rige a toda su especie se estremece de dicha, porque al avanzar un ejemplar del grupo, avanzan todos los que vienen atrás hacia el plano humano.

La naturaleza animal del hombre requiere el alimento animal en todos los grados carnívoros. El pez grande se come al chico, hasta que llega el momento en que el hombre es guiado por su Ser Divino. Para entonces el deseo y la necesidad de comer carne animal desaparece automáticamente. No hay que forzar, no se puede, es contrario al plan universal. Los excesos se normalizan con sólo mirar la Verdad del Ser con mayor frecuencia.

Mientras más rudimentaria es la conciencia, más se necesita del sacrificio para adelantar. El hombre que se ve obligado a matar un animal *para beneficio de una colectividad*, lejos de cometer un crimen le brinda una mejor oportunidad de adentro al reino animal. Es la ley de los mundos inferiores.

Cuando un hombre da muerte a una bestia feroz que esté amenazando a un pueblo, digamos; cuando mata a una serpiente venenosa que esté arriesgando la vida de unos niños; cuando extermina las plagas que destruyen los árboles frutales o las plantas; cuando extermina las sabandijas que invaden las casas y atormentan a los humanos, no está cometiendo crímenes sino beneficio a todos, humanos y animales.

Los animales no tienen conciencia. Sólo poseen el instinto de reproducción; las sabandijas, por ejemplo, siguiendo su ley se propagan demasiado. El hombre tiene el deber de hermano mayor, de vigilarlos y controlarlos.

Cuando el hombre alcanza la conciencia espiritual ya no tiene que matar ni atrae ninguna plaga. Mas, para ahuyentarlas de su casa, basta con hablarles y dirigirse al espíritu que rige al grupo. Yo misma he presenciado ese "milagro". He visto a un metafísico avanzado deshacerse de unas cucarachas y unos mosquitos que entraron a su casa. "Hermanos", dijo dirigiéndose a los espíritus del grupo, "¡velen por sus pupilos!. Están en desarmonía. Mi casa no es el medio apropiado para ellos". Luego hablándole a los animalitos dijo: "Váyanse bichitos". A mis ojos asombrados, vi a las sabandijas detenerse inmóviles un instante como recibiendo onda, y luego salieron despavoridos.

Los miembros de las sectas que mencionábamos ignoran todo lo que estás leyendo tú ahora. Se debaten en el Plano Astral, o mejor dicho en la fase negativa del Plano, porque como todo en la Creación éste tiene sus dos fases.

El alma es astral y es la sede de los sentidos y las emociones. Sin éstos la vida valdría poca cosa pues no podríamos sentir ni apreciar el arte, la belleza ni la música. La diferencia será la del cine mudo, antiguo, comparado con el moderno, con su colorido, su sonido y su técnica asombrosa.

Los sentidos y las emociones deben ser cultivados como se cultiva un talento, pues también son dones divinos. Por ningún concepto se les debe menospreciar, negar o rechazar; se les debe ajustar y equilibrar, y esto se logra elevando el pensamiento al Ser Divino y a su Verdad cada vez que sea necesario. Los excesos, la emotividad y el sensualismo los regula El, como no podemos nosotros con nuestra débil voluntad. Reprimir, frenar y frustrar nuestras emociones y renegar. Reprimir, frenar y frustrar nuestras emociones y renegar de ellas y de nuestros sentidos, sin apelar a la Verdad del Ser Divino, es atrofiarlas y hasta destruirlas; es matar el alma o herirla y enfermarla. Cuando esto sucede se retrograda el ser humano al plano animal y pasa varias vidas tratando de recuperarlas.

Hay sectas que enseñan que para poder hacer contacto con Dios hay que prepararse: Hay que adoptar posiciones complicadas y enfocar la mente en algún sitio del cuerpo tal como el entrecejo o la base de la columna vertebral, y luego pronunciar una palabra mágica. Todo eso pertenece al Plano Astral y logra comunicar al ser únicamente con las fuerzas psíquicas del Plano Astral. Lo que están pensando es en la posición del cuerpo, el entrecejo, la base de la columna. No están pensando en Dios. No están haciendo contacto con el Ser Divino. *La Biblia* dice que Dios está presente y esto hay que tomarlo en serio, y tal como suena.

Dios está en todo, en todas partes. Está *presente* en ti y en todo lo que te rodea. No es preciso buscarlo como se busca a una aguja caída al suelo. El *Salmo 46* dice: *"¡Callad! Y sabed que yo soy Dios"*, y es todo lo que hay que hacer. Saberlo presente. Pensarlo. Se contacta a Dios pensando en él. Nada más. Practicando la Presencia de Dios es como se llega a verlo, sentirlo y acercarse a El, tal como practicando en el piano se llega a virtuoso.

Los fantasmas y las apariciones que se ven en las casas muy antiguas son los cuerpos astrales de persona que vivieron allí. Desalojados de sus cuerpos físico, sus mentes continúan viviendo en el pasado y no se pueden desprender de él. No están conscientes de lo que los ven. Viven la vida y ven la casa como era cuando ellos estaban entre los humanos, con todos sus conceptos intactos.

Son siete los Planos o estados de conciencia. Cada Plano comprende siete subplanos, el hombre va avanzando de uno a otro con cada expansión de su conciencia. El Plano Mental es el estado de conciencia superior al Plano Astral. Luego le sigue el Plano Espiritual que es el más alto que podemos conceptuar. Conocemos muchos de los ascensos que se adquieren en este plano, pero para nuestro propósito no es útil entrar a enumerarlos. Aquí estamos estudiando el Plano Mental y el Espiritual, o sea, las leyes que rigen para alcanzarlos aquí mismo en la tierra.

HOY

Ayer murió; mañana no ha nacido aún; No podemos contar sino con Hoy, no podemos traer el futuro al presente; tenemos que esperar vivirlo. Para eso tenemos que vivir hoy plenamente y de la mejor manera y así se prepara el mañana. Hay que estar consciente de hoy, vivir hoy y gozarlo, . . . mañana olvidarlo.

Muchas personas viven llorando el pasado, pensando desconsoladas en algo que ya murió. Jesús dijo: "Dejad que los muertos entierren a los muertos. Sígueme tú a mí" (la vida y la verdad).

Hoy, contiene todas la oportunidades en potencia. Es una hoja nueva y limpia; si comienzas el día esperando sorpresas agradables, te caerán sorpresas agradables. *PIENSA LO BUENO Y SE TE DARA.*

Mirando siempre hacia atrás, no solamente se está inconsciente de lo bueno que se tiene al frente, sino que se trae todo lo malo del pasado al presente como quien insiste en quedarse en un cuarto obscuro y pestilente, teniendo al lado una habitación aireada y soleada.

Esta lección está presentada en *La Biblia* en el caso de la mujer de Lot, a la cual le dijeron los ángeles que escapara hacia la montaña (el plano espiritual) y no mirara hacia atrás porque sería consumida. Ella no hizo caso, miró hacia la ciudad que dejaba atrás y se convirtió en un saco de sal. La sal en *La Biblia* es símbolo de cristalización. Ya sabes lo que significa una cristalización en el subconsciente, lo que cuesta disolverla. El que vive en el pasado se le cristaliza éste en el subconsciente y no avanza un solo paso. Se estaciona y el futuro no le brinda nada. El pasado se le repite en unas rueda constante. La figura del saco o la estatua de sal es muy apropiada.

Por el mismo hecho de que el pasado si es posible traerlo al presente, es que se recomienda dar las gracias por todo tratamiento, como si éste ya hubiera sido manifestado. El tratamiento debe ser siempre hecho en el presente, debe esperarse para hoy; no funciona cuando se lanza hacia el futuro. El futuro no ha sido creado aún, en términos terrenales. Dios vive en un eterno presente.

Esto significa que se debe vivir solo "al día". La previsión es positiva. El "sentido común" expresa la Sabiduría Divina en la Tierra, pero no hay que vivir en el pasado ni temer el futuro. Emerson dijo: "No hay nada que temer sino al temor".

El día de hoy siempre trae todo lo que el va a necesitar. Los gastos de hoy siempre están cubiertos y las angustias monetarias siempre son por algo futuro. Jamás por el pasado ni por el inmediato presente. Si te encuentras en un aprieto de dinero, es porque anticipaste esa circunstancia en el pasado, motivado por tu concepto. Eleva tu pensamiento al Ser Divino, con amor, descarga tu peso en El y verás solucionarse el problema milagrosamente. (No olvides dar las gracias antes y después).

Jesús dijo: *"Venid a mí todos los que estáis cansados y agobiados, y yo os daré descanso. . . Porque mi yugo es suave y mi carga liviana"*.

Y en el *Antiguo Testamento* está expresada la misma verdad como sigue: "Echad sobre Jehová tu carga, y El te sustentará. Nunca permitirá que sea movido el justo". Verás que esto difiere mucho de la idea prevalente de que la voluntad de Dios es la prueba, el sacrificio, el castigo y la resignación.

Cuando *La Biblia* habla del "justo" y "la justicia", siempre se refiere a la justeza del pensar, a la exactitud con que se enfoca la Verdad en el pensamiento. "Buscad el Reino de Dios y su justicia" significa: Busca el plano espiritual y las leyes que lo gobiernan. En el lenguaje de hoy: *PIENSA LO BUENO Y SE TE DARA*. Recuerda al Ser Divino y él proveerá la imagen.

"Conoced la verdad y ella os hará libres", dijo Jesús. Los términos: "La Verdad", "Dios", "El Ser Divino", "El Reino de Dios", y "El Reino de los Cielos", son intercambiables, significan una misma cosa.

IDOLOS

La primerísimas palabras de Jehová, en lo que llaman los Diez Mandamientos fueron las siguientes: *"Yo soy Jehová, tu Dios... no tendrás otros dioses delante de mí. No harás para ti escultura ni semejanza alguna de lo que esté arriba en el cielo, ni abajo en la tierra, ni de lo que esté en las aguas, ni debajo de la tierra. No te inclinarás a ellas ni le darás culto. . .".*

Los judíos lo interpretaron en el sentido de no colocar estatuas en sus sinagogas. Hoy vemos la verdad detrás del símbolo: No fabricar imágenes. Imágenes mentales que luego se convierten en cosa, afuera en la tierra, en las aguas, en los cielos y debajo de la tierra, o sea, en lo material, porque éstas se convierten en idolos. En dioses que, según nuestro concepto, tienen poder por encima de Dios. No se recuerda que la sustancia que usamos para fabricar esas imágenes es la sustancia de Dios, y que el producto no puede ser más poderoso que el creador de él.

Idolos o falsos dioses son: El temor, lo "inevitable", el "destino", el "mal", la "mala suerte", la "buena suerte", el microbio, el virus, la enfermedad, el peligro, la "flaqueza humana", la "maldad humana", los celos, la traición, los accidentes, la muerte, la lucha, el dinero, todo aquello "que tenemos que soportar" y todo aquello "sin lo cual no se puede vivir". La lista es mucho mayor pero con lo dicho basta para sentar la idea. Todo aquello a lo cual tememos es un ídolo. Le estamos rindiendo culto al temerle. Culto por encima de Dios.

Un ejemplo del modo como se rinde culto en preferencia a Dios: Conocí a un muchacho enfermo de muerte; sus familiares me informaron que todo absolutamente todo se había hecho para salvarlo, pero que estaba desahuciado por todos los médicos más eminentes.

Les pregunté: "Y ustedes no son católicos?" Me contestaron: "¡Como no! y muy devotos". Les sugerí: "¿Y por qué no le piden a Dios?" Me contestaron: "Eso es lo único que nos falta por hacer, pero ya no hay ninguna esperanza". Insistí: "Pero para Dios no hay nada imposible". Repitieron con impaciencia: "Pero no te hemos dicho que está desahuciado por cuatro lumbreras de la medicina?"

¿Para qué insistir? En otras palabras, ¡las lumbreras médicas habrán decretado y Dios Todopoderoso tenía que agachar la cabeza ante la superior sapiencia de cuatro hormigas humanas!

Los pobres, ignoraban que ya hacía tiempo que habían decretado la muerte del muchacho enfermo. Antes de consultar a la lumbreras médicas ya iban con la fe (temor) de que lo darían por muerto.

LA MUERTE

"Mas, del fruto del árbol de la Ciencia (o del conocimiento) del bien y del mal, no comerás; porque seguro si comieres de él morirás". (Génesis, 2).

Es la primera mención de la muerte, en el texto que dejó Moisés. Dios advirtió que la muerte vendría si se comía del **fruto** del árbol del conocimiento del Bien y del Mal. Primeramente, en *La Biblia* y en las Metafísicas, "comer" es el símbolo de "pensar". Es decir, cuando se come se apropia la comida, se masca, se traga y se asimila. Lo mismo ocurre cuando se piensa en la forma que describí al principio de este librito: se recibe una idea (comida), se piensa en ella detenidamente (se masca), para al subconsciente (se traga) y se vuelve parte del individuo (se asimila).

El "fruto" de este proceso no se debe comer. En el proceso digestivo, sólo a los niños muy pequeñitos se les ocurre comer el excremento. El **fruto** del proceso mental es la manifestación exterior, o sea, las circunstancias y las experiencias producidas por las imágenes que tenemos en el subconsciente. Esto es el **fruto.**

El "árbol del conocimiento del bien y del mal" no es un árbol que existe en ninguna parte; es una figura simbólica que describe exactamente el proceso mental y las leyes que lo gobiernan.

Al tener nosotros el conocimiento de las leyes de la Creación expuestas ya en los capítulos anteriores, somos el "árbol" que produce el fruto de ese conocimiento. Se nos advierte en el texto de Moisés, que no "comamos" el fruto que producimos, o sea, que no vayamos a juzgar por lo que vemos producido en el exterior. Que no vayamos a formar conceptos erróneos basados en lo que vemos suceder, porque lo que sucede no es sino el fruto de un conocimiento interior nuestro, bien sea un conocimiento (concepto) basado en el Bien, o un conocimiento (concepto) basado en el Mal. De nuevo, que no formemos una opinión basada en lo que vemos, pues esto sería "comer el fruto". Consultemos con el Ser Divino y El, la Verdad, nos dirige siempre en línea recta.

Todo esto, explicado por Kant, por ejemplo, es ininteligible para todo el que no sea altamente erudito, y aun a los eruditos se les escapa la clave porque están pletóricos de imágenes basadas en conocimientos intelectuales. El conocimiento intelectual es un tirano que no permite el paso, ni permite levantar cabeza a las ideas espirituales. En *La Biblia* llaman a la idea espiritual "un niño", porque es pura y no conoce la malicia. El que está lleno de erudición considera esto "cosas de niños".

El último eslabón de la cadena que comienza con el primer pensamiento errado es la muerte. Imagínate una cuerda con un nudo. Imagínate que la cuerda que está a la derecha del nudo es ya el final del rollo, por lo tanto se ha aflojado y anchado; imagínate que a la izquierda del nudo, la cuerda continúa hasta no vérsele el fin. Imagínate una hormiga parada en el centro del nudo, viendo hacia donde se dirige. Al fin se decide por la cuerda de la derecha, porque ve que es más ancha y más cómoda; al llegar a la punta caerá en el espacio. Si atina a decidirse por la cuerda de la izquierda, a pesar de ser ésta más angosta, se amoldará pronto y continuará firme y segura para siempre. Este es el cuadro de lo que sucede cuando se elige entre pensar negativamente o pensar positivamente. El camino negativo parece cómodo y termina pronto. El camino positivo es "la puerta pequeña y el camino angosto que lleva a la vida; pocos hay quienes lo encuentran".

El pecado original es la decisión que se hizo en el nudo; la muerte es inevitable en el camino negativo. Es un resultado natural de esa vía, pero nada nos impide devolvernos; no *Ttenemos* que morir, nosotros lo resolvemos. Jesús dijo que la muerte sería el último enemigo que venceríamos; lo prometió.

Los grandes avanzados no mueren, sólo trascienden; Moisés trascendió. Elías trascendió; Jesús no murió. Las Escrituras Sagradas no dicen que murió, dicen que "entregó el espíritu", que en léxico metafísico significa algo muy diferente. Equivale a proyectar el cuerpo astral (el alma) fuera del cuerpo físico.

En las operaciones quirúrgicas, los médicos llenan el cuerpo físico con éter o cloroformo u otras sustancias de la misma consistencia del cuerpo astral. Este se desaloja porque las sustancias análogas ya no le dejan espacio en el cuerpo. Hay centenares, tal vez miles de casos, en que las personas operadas dicen que "estando dormido me vi parado junto a mi cuerpo y he visto todo el proceso de la operación".

El cuerpo astral está sujeto al cuerpo físico por medio de un hilo de la misma sustancia astral; al separarse el cuerpo astral del cuerpo físico, continúan conectadas por este hilo que es elástico, pudiendo extenderse a grandes distancias. *La Biblia* lo llama "el cordón plateado" porque tiene un color grisáceo algo luminoso. A medida que el enfermo operado elimina la sustancia que lo ha puesto inconsciente, el cuerpo astral va ocupando el cuerpo físico otra vez.

El cuerpo astral es el que siente y está consciente; cuando sale del cuerpo físico, éste deja de sentir y de estar consciente. Cuando el ser humano muere, es que el cordón se ha partido. Se separan los dos cuerpos y el astral sigue viviendo.

Cuando Jesús exclamó en la cruz: "Eloi! Eloi! lamma sabacthani", proyectó su cuerpo astral y no sintió ya nada más. Aparentaba estar muerto o en un profundo desvanecimiento. Su cuerpo astral, se reunió con su cuerpo físico después que estaba en el mausoleo facilitado por José Arimatea y cuando las mujeres de Jerusalén fueron a buscar el cuerpo de Jesús, un personaje que la iglesia llama "un ángel" les hizo la observación: "Y por qué lo buscáis entre los muertos? Buscadlo entre los vivos". ¡Más claro no se puede decir que estaba vivo!. Después trascendió; pero para la adulteración hecha en los documentos, convenía poner que había "resucitado", *¡como si un ser de tan altísima frecuencia vibratoria pudiera jamás morir!*

A medida que limpies tu subsconsciencia de las imágenes negativas, se van transformando las células de tu cuerpo, volviéndose positivas, y te va como quien dice "devolviendo" hacia la meta de la vida. Cuando hayas terminado de aprender la lección que te corresponde aprender en esta vida que estás viviendo, no morirás en el sentido actual de la palabra. Pasarás al otro plano sin incomodidades, sin haber tenido una enfermedad; simplemente te irás una noche en medio del sueño.

En los "Santos" de la Iglesia Católica, se tiene que admirar la voluntad de perfección que los movía; pero ignorantes de la "Ciencia del Bien y del Mal" se impusieron torturas espantosas, que eran no solamente innecesarias sino que constituían una ofensa imperdonable al cuerpo, el cual no es otra cosa que el Templo del Ser Divino y como tal estamos obligados a cuidarlo y atenderlo.

El grado extremo de fuerza negativa que representan los azotes y torturas voluntarias, producen un estado tal de acidez, que el pobre cuerpo no puede soportarlo y rompe en llagas. Por ese motivo fue que tantos "Santos" murieron llagados o en el último estado de la tuberculosis. Y a eso llamaban "servir a Dios".

Mientras mayor número de personas aprenda las leyes de la Creación, se irán disolviendo las masas obscuras de error que penetran el planeta; se irán acabando las imágenes falsas en el subconsciente, reconstruyéndose la célula humana y disminuyendo el número de personas que mueren. Será el último enemigo a vencer. Ya comenzó el regreso hacia el camino de la vida; parece ser que en próximo milenio se conocerá universalmente La Verdad.

Einstein adujo que cuando la célula humana se transforme en energía eléctrica, los hombres conocerán cada uno su propia ecuación y podrán desintegrar y reintegrar sus cuerpos a voluntad.

Por lo pronto, cuando el ser se desprenda de su cuerpo físico en lo que llaman "la muerte" y entre a vivir en el plano que sigue, lo que más le sorprenderá será constatar que todo lo que piense se le manifestará frente a sus ojos instantáneamente; pues no habiendo materia inerte que retarde el proceso, el objeto o la condición aparecerá simultáneamente, al pensarlo. Esto le causará una confusión que podría ser caótica, llevándolo a creer que en verdad está en el "Purgatorio" y hasta en el "Infierno", pues el terror le agravará la condición. Pero siempre lo estarán esperando familiares y amigos para guiarlo y explicarle las condiciones del Plano.

LA REENCARNACION

¿Y por qué no recordamos nada de lo que fuimos en vidas anteriores?, preguntan siempre los estudiantes de la Verdad. ¡Qué bueno que es así! ¡Qué grande es el Amor de Dios y sus Leyes sabias!.

Primeramente si yo te preguntara ahora: ¿Qué hiciste tú el martes pasado? A menos que esa fuera una fecha muy marcada para ti, me contestarías: "No recuerdo, tendría que recapacitar". Y perderías el tiempo recapacitando algo tan inútil, superfluo y tan poco provechoso como es traer el pasado al presente. ¿Qué ganarías con revivir esos días pasados? Nada, y probablemente revivirías algo desagradable, porque siempre hay algo desagradable en el pasado.

Tú has sido criminal, preso, mujer de la vida, esclavo, etc. Si pudieras rememorar esas épocas muertas volverías a sentir todo lo desgraciado que fuiste. Si lograras recordar la época en que fuiste reina o rey, pasarías muy malos ratos atestiguando las injusticias y las torpezas que cometiste, tu alma de hoy no podría soportarlo. Te voy a decir lo que se siente cuando se regresa la mente a un pasado tan remoto. Es como si tú acabado de bañar, empolvar y empapar de agua de colonia, te obligaran a meterte en un barrilito de inmundicias, en el cual no te pudieras mover para sacar la cabeza y respirar. Si alguna de tus vidas pasadas fue muy espléndida y regalada, al volver a tu estado presente te sentirías muy mal, muy inconforme si esta vida es inferior a aquella en ventajas materiales.

La Vida es una escuela y cada vida es un grado más adelantada que el último. Si una vida es plena y la que le sigue es pobre, es porque se desperdició algo o se dejó de aprovechar y hay que rehacerlo de nuevo.

El Amor de Dios no conoce el "Infierno". Nadie se condena eternamente; todo tiene perdón. Todos tenemos una nueva oportunidad "y hasta setenta veces siete", como lo dijo Jesús.

El "Karma" es la ley de Causa y Efecto, la casualidad no existe; todo tiene una causa, toda causa tiene un efecto. Hay Karma bueno y Karma malo, ya los conoces; es la deuda que contraemos por el mal y el "cobro" por el bien.

El Ser Divino es Señor del Karma. En él no existe karma. ¿Entonces, es posible borrar un karma malo? Si, mirando al Ser Divino; acostumbrándonos a habitar su morada. El Salmo 91 lo dice. Además, el adquirir el ser humano lo que se llama "la conciencia espiritual", que es el estar pendiente de cumplir las leyes que he expuesto ya, no se está bajo las leyes materiales, se está "bajo la Gracia". Se tiene el derecho de invocar las leyes superiores, muchos de los efectos kármicos son disueltos automáticamente por efecto de que el individuo eleva a menudo su pensamiento. El mismo no se da cuenta de su privilegio, sino cuando compara lo que le ocurre a otros y que le es evitado a él; en ese momento se asombra y se le ocurre que él está protegido por una Presencia invisible.

Las reencarnaciones cesan cuando el individuo ha desarrollado el amor por todos sin distinción. Cuando ya sabe colocarse en el lugar de otro y comprender el motivo que lo impele a actuar como actúa. Cuando siente que no tiene nada que perdonar porque lo que quiera que le hayan hecho es simplemente reacción natural de un plano inferior de evolución. Ese individuo ya no tiene nada que aprender y no tiene que regresar a este plano.

La Meta es el Amor. Los que han sido enemigos en una vida, a menudo nacen madre e hijo, o hermanos, en la próxima vida para obligarlos a amarse. La naturaleza siempre busca unir por medio del amor. Curar y reformar por el amor.

El Salmo 91

El que habita en el retiro del Altísimo, morará seguro bajo la sombra del Omnipotente.

Yo diré de Jehová: Refugio mío y fortaleza mía. Mi Dios, en El confiaré. (Esta última es la afirmación que produce las condiciones que enumera el Salmo).

Porque él te hará escapar del lazo del cazador y de la asoladora pestilencia. Con sus plumas te cubrirá y debajo de sus alas te refugiarás; escudo y adarga es su Verdad.

No tendrás temor de espanto nocturno ni de saeta que vuele de día, ni de la pestilencia que anda en las tinieblas, ni de la mortandad que hace estragos al mediodía. (Trata de comprender los símbolos que encubran estas promesas).

Caerán a tu lado mil, y diez mil a tu diestra; pero a ti no te tocará. Tan sólo con tus ojos mirarás la recompensa de los inicuos, por cuanto has dicho: Tú, ¡oh Jehová, eres mi refugio! (o por haber hecho de la afirmación tu norma) *y al Altísimo has puesto por tu habitación.* (Porque en todo consultas al Ser Divino).

No te sucederá mal alguno ni plaga tocará en tu morada, porque dará encargo a sus ángeles acerca de ti para que te guarden en todos tus caminos. Sobre las palmas de sus manos te llevarán para que no tropieces con tu pie en alguna piedra (Es decir, para que no tengas el más leve inconveniente).

Pisarás al león y al áspid; hollarás al leoncillo y la serpiente; por cuanto tiene puesto en mío su amor, yo también lo libraré.

Le pondré en alto por cuanto ha conocido mi nombre. (El "nombre" en el lenguaje bíblico es la naturaleza de la Verdad).

El llamará a mí y yo le responderé. Con él estaré yo en la angustia, le libraré y le glorificaré. De larga vida le hartaré y le mostraré mi salvación.

La ley de Causa y Efecto es la *Sexta Ley de la Creación*. Todo efecto tiene una causa; toda causa tiene una reacción. La casualidad no existe, la "suerte" no existe.

La Biblia dice "El amor cubre una multitud de pecados". A Magdalena le fueron descontados cantidad de efectos kármicos porque, según Jesús: "Había amado mucho".

La séptima ley de la Creación es el *Principio de Generación*, el cual ya te he explicado: En todo hay el masculino y femenino necesario para crear. Las leyes todas se entrelazan y éstas vuelven a empatar con el Principio de Mentalismo con que comenzamos esta obrita.

La Generación se manifiesta en todos los planos, en cada uno de una forma más elevada, pero el Principio es el mismo.

EL SIGNO DE ACUARIO

Jesús mencionaba mucho "este mundo" y "el otro mundo". También anunciaba muchos cambios para "el fin del mundo". Una vez le preguntaron los Apóstoles cuándo llegaría ese fin de mundo que él tanto predecía, y Jesús les contestó: *"Cuando veáis al hombre con el jarro de agua"*. No sabemos si los Apóstoles comprendieron la alusión, pero para esta generación está clarísima.

Todo el mundo sabe que el Zodíaco establece la precisión de los equinoccios, o en palabras muy baratas, en un círculo en el firmamento estelar compuesto por grupos de estrellas. Cada grupo tiene un nombre. Según la Astrología, cada mes del año está regido por uno de los grupos de las estrellas o signos del zodíaco. Son doce signos, uno para cada mes del año; cada signo es acompañado por lo que llaman "un regente", que determina la naturaleza del signo.

Pero el Zodíaco tiene un significado mucho más profundo. Digamos que por fuera del circulito que cierra los doce meses de un año, hay un círculo mucho, pero mucho más grande. Tan grande que el espacio ocupado por 2160 años aproximadamente (dos mil ciento sesenta) corresponde a un Signo del Zodíaco, o sea, que cada signo con su regente gobiernan a la humanidad durante dos milenios y pico. Al final de cada una de estas eras, el signo que ha imperado comienza a esfumarse o alejarse, y simultáneamente comienza a hacerse sentir la influencia del próximo signo y las características del regente nuevo.

Lo que esto implica es que el signo es como quien dice: "la orden del día" para toda la humanidad durante esos dos milenios y se puede leer perfectamente como sigue: El Signo que acaba de pasar es el de Piscis (los peces). Comenzó a alejarse a fines del siglo pasado, pero durante toda la era en que actuó, la humanidad se mostró influenciada por el pez. Como base, a Jesús lo llamaban los cristianos "el pez" y adoptaron un dibujo de un pez como clave para indicar en qué lugar se iban a reunir. Esa era la época de la persecución.

La religión católica, que imperó durante los dos milenios pasados, inconscientemente mostraba la forma del pez en la forma de la mitra del obispo (cabeza de pez con la boca abierta), en la forma gótica de las entrada a las iglesias y en muchas otras características.

El ánimo humano se volvió lacrimoso (agua del mar) y gozaba sufriendo. Las novelas eran dramas conmovedores, imperaba en todo el melodrama. Todo era pesado como el volumen del mar y fue la época de los grandes viajes del mar. El agua tiene dos fases, como todo, y son: negativa porque pudre todo lo que esté en contacto con ella demasiado tiempo; Positiva porque en ella nace la vida y contiene cantidad de potencialidades. El color de ese signo era Negro, Negativo.

Hacia el final de la era y al aproximarse el Signo de Acuario, en el cual estamos, hubo la reacción que llaman "crisis"; Como cuando una enfermedad hace crisis y se agravan todos los síntomas, justamente antes de empezar a mejorar. Fue inventado el submarino, es decir, el barco bajó a las profundidades del mar, acentuándose aún más la semejanza con un pez, hasta en el color plateado.

Al entrar más de lleno la Era de Acuario, que es un signo aéreo, el submarino crió alas y se convirtió en avión, pero siempre plateado.

El carácter de Acuario es del jardinero. Representa un hombre con un jarro de agua al hombro. Siempre ayuda a regir el agua, pero en cantidad razonable. El jardinero celeste cultivará su jardín para que las plantas den flores (para que la humanidad se perfeccione). El Signo lleva dos líneas irregulares a los pies del jardinero que significan "corrientes". Corrientes nuevas de pensamiento, corrientes eléctricas, caminos nuevos en el aire,etc. Fue descubierta la electricidad a fines del siglo ya para entrar al nuevo siglo. Poco a poco fue invadiendo nuestras vidas hasta que vivimos en ella y por ella; junto con ella y rodeado de ella. Estamos abriendo nuevas rutas en el cielo. Ya la electricidad se graduó ya con el título de "electrónica". El elemento que va a terminar de transformarlo todo en una Era nueva y diferente es el uranio,llamado como su regente, Urano. Los Signos alternan. Uno es Positivo, el próximo Negativo.

Acuario es Positivo.

Para esta Era está predicha la unión de las religiones con la Ciencia. No habrá una religión que impere como imperó la católica en la era pisceana. Todas se unirán en una sola verdad.

Cada cambio de signo trae grandes cambios en el planeta y en la mente. El nuevo signo actúa como una purga que revoluciona todo lo antiguo para dejar limpio el terreno, acondicionado para la selección que trae el nuevo signo.

El color de este Signo es el Blanco. Es la era espiritual y en la historia de la humanidad será la más grandiosa que haya imperado. Las señales que estamos viendo, tan alarmantes, tan perturbadoras no significan sino que Urano, llamado "el destructor", está efectuando su limpieza a mano armada. La destrucción es muy buena cuando rompe todo lo malo y viejo para dejarle el puesto a lo nuevo y bello. Eso es lo que está haciendo Urano. ¡Bendita sea!

La era de los patriarcas bíblicos se distinguió por el pastoreo. Era el Signo Aries, la cabra. La era de los egipcios, el Signo Taurus, estaba influenciada por el toro. Eran criadores de ganado y adoraban al toro.

En esta nueva Era no habrá más dirigentes máximos. Desaparecerán los Papas, los Gurús, los Imperators, los Gran Maestros, etc. Cada cual regará su propio jardín dirigido por el Ser Divino, el Mesías, el Cristo o Ungido.

Advertencia

Coloca este librito en lugar muy visible. No creas que con una sola leída vas a poder absorber todo lo que contiene. Vuélvelo a comenzar al terminarlo y verás que lo encuentras nuevo, más lógico y más interesante. Esto te sucederá cada vez que lo vuelvas a releer, porque la Verdad es una fuerza vital que remueve células dormidas.

A pesar de que vas a tener demostraciones, al parecer milagrosas, apenas comiences a poner en práctica las leyes que aquí aprenderás; a pesar de que tu entusiasmo te llevará a querer compartir con otros tus nuevos conocimientos, no trates de convencer a nadie de que aprenda la Verdad. Si lo haces, encontrarás que aquellos que tú creías más preparados para recibirla son los que menos simpatizan contigo. Es que "Cuando el discípulo está preparado aparece el Maestro", dice una máxima ocultista. Enseña con amor a todo el que te pida consejo. Sabrás lo que debes decir si le pides al Ser Divino que hable por ti.

"Nobleza obliga", dice la máxima, y el que aprende las leyes superiores está más obligado a emplearlas con toda corrección que aquel que las ignora. No trates jamás de aventajarte en perjuicio de otros por el hecho de conocerlas. Aquél que se cree autorizado para aprovechar su conocimiento a expensas de un tercero, o que se considere dispensado de cumplir las reglas comunes de las buenas costumbres, por el hecho de poseer conocimientos superiores, incurre en los castigos, a veces severísimos, que trae el tratar de burlar las leyes.

El metafísico es mejor inquilino, mejor amigo, mejor padre, mejor gobernante, mejor ciudadano, mejor prójimo, mejor hijo, mejor deudor, mejor patrón y mejor empleado que los demás que no son metafísicos, por el mismo hecho de conocer las Leyes inmutables y sus efectos.

Un Tesoro Más Para Ti

LA HERMANDAD SAINT GERMAIN

Revisando los archivos dejados por nuestra siempre recordada fundadora Conny Méndez deseamos aclarar, para conocimiento del estudiantado, la verdadera historia del nombre de la Hermandad.

El día 15 de abril de 1970, Conny, reunida con el grupo de alumnas que ella venia preparando para que fueran guías o instructoras de las enseñanzas que ella tan valerosamente trajo para el mundo de habla hispana, acordaron darle forma organizada a todo el engranaje que se había ido formando a su alrededor y decidió registrarlo legalmente bajo el nombre de *Asociación Saint Germain*

La mayoría de los asistentes manifestó que le gustaba más el nombre de *Hermandad Saint Germain*, en lugar de asociación, a lo cual Conny replicó:

-No; déjenlo así, pues el nombre de *Hermandad* podrá producir confusión con otras hermandades pertenecientes a otras religiones o grupos de carácter espiritual que existen en gran número, funcionando en todas partes. Legalicémosle con el nombre de **Asociación** y si tanto les gusta el nombre de *Hermandad*, usemos ese nombre en la práctica y de este modo quedará registrado en el Plano Etérico: Así se hizo, de ahí que, tanto en nuestros libros de texto, revistas como en otras publicaciones, aparezcamos usando el nombre de *Hermandad Saint Germain*, cuando en realidad legalmente registrado fue *Asociación Saint Germain*.

Este Registro Legal se hizo con fecha 30 de mayo de 1970 y tiene una duración de 20 años, o sea, que estará vigente hasta el 30 de mayo de 1990.

Por tanto la *Hermandad Saint Germain*, nunca fue registrada por CONNY. Posteriormente fundó la *Gran Hermandad Saint Germain*, poco antes de su paso a otro plano de vida, pero a poco de fundada quiso anularla, así como a la revista *La Unidad*, de la cual sólo salieron 2 números, ya que ella pasó una circular entre las guías, de la cual conservamos un original, retirándole su respaldo a dicha publicación. No le alcanzó el tiempo de su vida para firmar el documento mediante el cual el registro de la *Gran Hermamdad* iba a ser anulado, de lo cual puede dar fe el Asesor Jurídico de la

Asociación para aquella época, ya que él redactó el Acta de anulación y cuando la presentó para firmar, Conny se encontraba ausente en Miami a donde había ido a pasar el fin de año con su familia. Allí murió sorpresivamente de un paro cardíaco, de muerte natural, casi sin agonía, como correspondía a un espíritu evolucionado, como era el de ella. Después recibió los oficios de la Iglesia Católica, a la cual perteneció de nacimiento y a la cual pertenecen todavía hoy todos sus descendientes. Su cuerpo fue incinerado, tal como la había ella dejado dispuesto; sus cenizas fueron traídas a Venezuela, su patria, e inhumadas en el Cementerio General del Sur, en el panteón familiar.

Las enseñanzas que dejó han sido dispuestas por los Ascendidos Maestros de la Sabiduría, pertenecientes a la *Fraternidad Blanca* y han ido extendiéndose por todos los países de habla hispana en una forma paulatina, natural, segura, incontenible, sin que se hayan hecho alharacas de propaganda ya que el PLAN DIVINO, a pesar de los adversarios y de las apariencias en contrario, tiene que cumplirse, como lo afirmaba ella y así está sucediendo.

PARA LOS METAFISICOS. . .

Y TAMBIEN PARA LOS QUE NO LO SON

Tú sabes que desde hace mucho tiempo nos vienen lloviendo "mensajes" proféticos, destructivos, que tienen por único objeto aterrorizar con sus anuncios de cataclismos inminentes, ya que no ofrecen explicaciones, ni alternativas, ni solución, ni consuelo.

Primeramente, hermanitas y hermanitos míos, no tenemos necesidad alguna de que se nos repita lo que está estipulado en los capítulos 24 y 25 del *Evangelio de San Mateo*, tan conocido por todas las religiones del Planeta; y como allí se nos ofrecen alternativas y consuelo, te recomiendo que los releas y los medites leyendo entre líneas, recordando lo que enseñó el Divino Maestro Jesús, alertando contra la "letra que mata" y "el Espíritu que da Vida". Esto significa, textualmente, que no se deben tomar como artículo de fe las imágenes de espanto y horror que abundan en *La Biblia*, sino que se debe interpretar el símbolo detrás de la imagen; pero como de esto voy a tratar más extensamente, por ahora quiero recordarte lo que se te ha enseñado desde el Primer Capítulo del Librito Número Uno, a saber, que si te empeñas en oír, leer, creer, aceptar el contenido de tales "mensajes", esperando y temiendo encontrarte en terremotos y cataclismos, esto te ocurrirá sin lugar a dudas, porque la Ley de Correspondencia, Ley Espiritual inmutable, dice: *"Como es Arriba"* (en tu mente), *Es Abajo* (en tu materia)", y tú sabes que la Ley no falla.

Ahora bien, como no fuimos criados para ser exterminados sino para que aprendiéramos a ser dioses (*Evangelio de San Juan*, capítulo 10, versículo 34), comienza *ya* a comprobarte a ti mismo tu Divinidad Interior y tu inmenso poder,, trayendo a tu recuerdo la Gran Presencia que hay en ti, en todos y en todas partes, ya que *Ella* es la Luz en el Centro del Atomo. Y luego afirma: *"No acepto decretos destructivos ni para mí, ni para mis seres queridos. Amada presencia, asume el mando".*

Después, quédate en paz, porque habrás hecho lo más grande que se puede hacer en el Planeta Tierra, o sea, sumarte a la Voluntad Divina que es el Bien y el Amor. De inmediato vas a comprobar tu enorme poderío. No les ocurrirá nada a los nombrados. Pero dependiendo de lo que significa para ti esa expresión "MIS SERES QUERI-

DOS", así será tu manifestación, pues sabemos quienes consideramos a toda la humanidad como seres queridos nuestros, y nuestro decreto afirma *Que no queremos que les suceda nada a nuestros seres queridos.* Vas a comprobar otra Ley: "Uno con Dios, es la Mayoría". El Divino Maestro Jesús dijo: "Dos o más reunidos en mi nombre" lo cual representa la totalidad. Por lo tanto verás la repetición de lo ocurrido en el año pasado, el día 6 de abril de 1974, en que se alejó el cometa Kohutek que venía a destruir la Tierra.

Te recuerdo otra cosa: Las mentes humanas son como coladores. Sí. Contienen espacios por donde se filtra la luz de un mensaje espiritual, pero también contienen residuos de muchos "alimentos" que ensucian y contaminan la luz, haciéndola irreconocible. El YO SUPERIOR presenta la verdad en forma de símbolos porque, ¿en cuál otra forma se puede representar una idea? Te la presenta como una construcción, y si esta construcción es defectuosa, te está causando innumerables malestares y manifestaciones negativas. Para anunciarte la dicha de que ya se te van a corregir esas construcciones, ideas o conceptos errados, ¿cómo te pueden presentar esa transmutación? Pues demoliendo las construcciones, ¿no es así? Las personas clarividentes son las más propensas a confundir los símbolos porque los ven con gran claridad; lo malo es que los interpretan de acuerdo con los residuos que yacen en su colador mental, y ellas son las que lanzan los "mensajes".

Ya tú "conoces la verdad", no vuelvas a alarmarte con los anuncios de cataclismos. En vez de ayudar a traer la destrucción, ayuda tú a la transformación de la Nueva Era en la que ha de surgir "El Nuevo Cielo y La Nueva Tierra". No comentes lo negativo, no repitas los "mensajes"; recuerda la verdad. Haz la infalible afirmación-decreto y ponte en paz, porque es solamente en ella que puede manifestarse la unidad, la armonía, y la abundancia para todos. Recuerda que tu pensamiento llega a los confines del planeta, ¡en tres segundos! y si acaso dudas de esto, te recordaré también que el teletipo, creación humana, contacta a cualquier punto de la tierra en tres minutos. Nada de extraño tiene, pues, que el pensamiento, creación Divina, contacte su objetivo en tres segundos.

Ahora vamos a lo que te ofrecí esclarecer y comprobar más extensamente: Para leer entre líneas a San Mateo, donde dice por ejemplo: *"Cuando veréis la abominable desolación. . .aquel que está en el tejado que no baje a tomar nada de su casa y el que está en el campo no vuelva atrás en busca del manto. . .",* no hay que creer que esto se refiere a los que se encuentran realmente en la azotea de un edificio, ni a los que se ocupan de sembradíos. Simplemente te recuerda conservar tu mente en la presencia de Dios, y que no pongas tu confianza en las protecciones materiales, ya que no importa dónde te encuentres, la Amada Presencia está contigo, y, si lo recuerdas, no peligras.

Con respecto a las amenazas de guerra, vamos a suponer que tú tienes un sentimiento de desagrado contra alguien, llamémoslo tu "enemigo". Ese sentimiento no te deja pasar las manifestaciones que crees merecer porque las sabes pedir. Las Escrituras Sagradas dicen que si vas a orar y te acuerdas que tu hermano tiene algo contra ti, que dejes tu oración en suspenso mientras vas a contentar a tu hermano. Esto no significa que debes ir a darle un abrazo a tu enemigo, sino que simplemente lo visualices y le digas a su imagen mental: *"Deseo amarte, quiero quererte, ayúdame a quererte"*. Esto actúa instantáneamente. Este pensamiento le llega en tres segundos y vas a comprobar de inmediato cómo comienza a eliminarse la amargura y el desagrado entre ambos. Esto es lo que extermina la guerra, lo que siembra la paz y es el famoso *Amaos los unos a los otros*. No me lo creas, compruébalo y enséñalo.

DIOS ES LA PAZ

Ustedes saben ya que al pensar en Dios, al pensar en algo espiritual, en el Cristo en nosotros o en Dios en nosotros, ya hemos polarizado el pensamiento, y lo hemos polarizado en lo más alto. De manera que en cuanto tenemos un tropiezo, una evidencia de enfermedad, un accidente, un desagrado, o que nos encontremos diciendo o haciendo algo negativo o destructivo, debemos memorizar la presencia de Dios en nosotras primeramente; el hecho preciso de reconocer la falta en nosotras, equivale a la confesión católica y por lo tanto el error (que los católicos llamamos "pecado") ya está perdonado. Ustedes saben que la penitencia que da el Sacerdote es una oración ¿Qué hacemos cuando elevamos la mente al espíritu y hacemos un tratamiento? Pues estamos haciendo una oración. Y las que ya conocemos la práctica de reconocer un error, sea en nosotros o en otra persona, negar ese error, afirmar la verdad *Que es Dios*, nos conectamos directamente con *El*. Cada vez que uno se conecta directamente con Dios es invariable que se siente un gran alivio ¿Qué significa esto? Que Dios mismo ha perdonado y ha borrado hasta los efectos de aquel pecado. Porque donde nosotros coloquemos a Dios, El inmediatamente ordena y perfecciona en su creación. No puede existir imperfección donde esté Dios. Donde nosotros sintamos a Dios, estamos sintiendo Su Perfección. La única forma de hacer contacto y conexión con Dios es mentalmente. Pensando en *El*; no hay otra forma.

Como Dios es Amor, al pensar en *El* estamos pensando amor. ¿Se han dado cuenta de esto? No podemos pensar en Dios sin pensar amor. Es decir, estamos amando a Dios cuando pensamos, aunque no sea sino en la palabra "Dios", y *La Biblia* dice: "El amor es el cumplimiento de la Ley", esto quiere decir *Toda la ley*, o sea, todas las leyes. Estamos "en ley" cuando estamos en amor, pensando amor, pensando en Dios, y cuando nosotros, estudiantes de la Verdad Metafísica, estamos tratando de cumplir las Leyes de Dios, tratando de elevarnos, tratando de comprender, o sea, buscando con todas nuestras fuerzas, con todo nuestro corazón y sentidos, tenemos derecho a la paz perfecta de nuestras mentes y almas. Estamos con Dios. Estamos en amor. Mejor voluntad no se puede expresar que la que nosotros estamos expresando en este momento, ustedes oyendo esta charla, yo dictándoselas. Y Jesús dijo: "Paz en la Tierra a los hombres de buena voluntad".

La paz es el Don más grande de Dios. Emmet Fox dice que cuando nuestras almas están en paz, nada puede descomponerse, y todo lo podemos. No se formen una figura de la Paz en la mente. La Paz no es estar pasivos e inactivos. Se puede estar en plena y febril actividad y estar en perfecta paz. Es el alma, el corazón, los sentimientos, el estar contentos, interesados en la tarea a la mano, estar en paz. Estar así es la felicidad. No se necesita mayor cosa para estar feliz. Se necesita la paz y nada más. Es importantísimo, pues, conservarse en paz, aprender a estar en paz, conocer lo que es la paz, y valorizar todo para saber cuáles son las cosas que no merecen la pena ni decir, ni pensar, ni hacer, ni obtener, porque nos quitan nuestra paz, ya que la paz es lo único que vale la pena, ya lo hemos visto: *La paz es la felicidad.*

Si se está molesto, no importa qué especie de molestia, bien sea molesto en nuestro ánimo como en nuestro cuerpo, no se está en paz. Y se está infeliz, ¿no es así? Cuando tenemos carencia de dinero, carencia de cosas necesarias para la vida, (soledad es carencia de compañía), angustia por nuestros seres queridos, temor o aprensión por el futuro, todo es falta de paz. Todas estas cosas nos quitan nuestra paz. Podríamos ahora comenzar a detallar de nuevo las formas de ir curando todas esas condiciones que he mencionado, pero ya ustedes saben cómo actuar en cada una de ellas. Y si no se acuerdan es que tienen que repasar las lecciones que tienen archivadas o engavetadas, porque todas estas condiciones están cubiertas en mis dos libros de texto y en las clases que se les han dado. Ustedes saben también que la verdad que se tiene, si no se usa o no se aplica, de nada sirve. Es más, es grave. Poseerla y no usarla es el pecado de omisión ¿Cuántos hay que anhelan una fórmula para quitarse de encima toda la opresión que los mata, y aquel a quien se le ha dado la desperdicia?

A esto último se le puede aplicar un adagio muy popular que dice: "Ni lava ni presta la batea". Es egoísmo y desperdicio de la peor especie. De manera que no comenzaremos de nuevo a enseñar lo que ya se sabe. Lo que sí haremos es recalcar el supremo remedio. La fórmula más alta para obtener todo los que nos sea menester en cualquier momento, y sobre todo, la única manera de obtener nuestra paz instantánea, y toda la luz que necesitemos es dirigirnos a nuestro yo perfecto. A nuestro Cristo Interior. A la Presencia de Dios. Acuérdense que donde reconocemos la Presencia de Dios, Ella comienza a poner orden en su creación. Comienza de inmediato a perfeccionar lo que está **manifestando** imperfección. Porque lo que estemos viendo que parezca imperfecto, aunque si tenga forma y bulto, *No tiene substancia real.* Se puede deshacer porque está basado en una mentira. Lo que esté basado en la Verdad es eterno y no se puede desbaratar. Pero la mentira se esfuma al confrontarla con la Verdad, así es que por sus frutos los conoceréis. ¿Te encuentras frente a algo que te perturba, que parece muy real? Prueba diciéndole: "Tú no tienes substancia, eres mentira, la Presencia de Dios está en ti porque Dios es la única Presencia y el único Poder". Como todo contiene la energía divina, al invocarla, mencionando la Presencia de Dios, la forma o figura ficticia se borra, se esfuma, deja ver la Verdad pura.

Este párrafo que acabo de decir es la gran fórmula. Es amor y lealtad a Dios. Estúdienlo, medítenlo mucho, pónganlo en práctica y verán el adelanto rapidísimo.

LA LEY DE LA ARMONIA

Esta es la explicación mecánica de la Ley de la Armonía, mucho de lo cual ustedes conocen, pero mucho de lo cual es nuevo. Ustedes saben que cada electrón en el Universo está en movimiento. A pesar que una piedra o un árbol, o un mueble, parecen estar estáticos, cada átomo y cada electrón de los que integran esos átomos, tienen en sus centros una luz. Esta luz es la Llama triple de ese foco de vida y está vibrando. El numero de pulsaciones por segundo es lo que determina la rata vibratoria de cualquier cosa. La acción vibratoria muy lenta es lo que hace aparentar que una cosa sea estática, pero con los instrumentos modernos vemos un objeto tan amplificado, que se puede ver su movimiento constante, fluctuando y emitiendo rayos de ondas luminosas, que es lo que llamamos radiación.

En un individuo, la acción vibratoria está determinada por un proceso mental y sensorio. Esta forma pulsaciones de energía, o sea, rayos de luz que atraviesan los cuerpos inferiores , y que contienen un patrón que debe ser seguido o copiado por los electrones en su expresión individual.

La conciencia imperfecta es lo que hace que un patrón imperfecto produzca vibraciones muy lentas. Los electrones son obedientes. Esa es su característica principal, y tratan de adaptarse al patrón que se les impone; por lo tanto la rata vibratoria de la persona es tan lenta que lo sitúa poco más o menos al nivel del animal.

El estudiante consciente llega a un punto en que tiene que, imprescindiblemente, dirigir conscientemente el volumen y el movimiento de sus emociones, o sea, el patrón de energía para sus electrones obedientes, con tal precisión como regula el dial de su radio; el termostato de su aire acondicionado, de su horno o de su nevera.

Generalmente el hombre cuando se despierta por la mañana, recorre el cuadro normal de su día. Recuerda todo lo que tiene que hacer, y lo recuerda con variedad de emociones: de apuro, de aire, de impaciencia, de sentimentalismo; la madre siente y vibra emotivamente con todos los problemas de los hijos; el hombre de negocios con todos los problemas de su empresa; cada uno con su propio patrón, y desde ese mismo momento comienza un patrón de emociones violentas, de cambios convulsiones, todos incontrolados, incesantes, instantáneos. Para regular la temperatura de su oficina o de su dormitorio el hombre ajusta con sumo cuidado el termostato para que le produzca un clima agradable, cómodo, igual y sabroso, ni demasiado frío ni demasiado caluroso. Pero en el clima de su vida toda, prefiere gobernarla de acuerdo con el incentivo de cada momento o la provocación de cada cosa que vaya llegando.

Los electrones no pueden adaptarse a este capricho. Lo que se les impone son impulsos electrónicos y el desorden es espantoso. Se descontrolan todos los sistemas del organismo y de la vida entera del individuo. Sean el sistema económico, el de la salud, propia o de los seres más allegados, el del orden mental, el del carácter o humor propio y de los hijos, el comportamiento del servicio, de los compañeros de trabajo, de las amistades, de los empleados, del carro, de los teléfonos, de todas las dependencias, todos son sistemas que dependen de nuestros patrones electrónicos y que gobiernan nuestras vidas y nuestros mundos. Son patrones de vibraciones que cada uno lanza e impone a su propio sistema de electrones. Para poder computar un porcentaje, una suma de valores, un nivel general, o como se dice hoy: "un *average*" de un patrón totalmente desordenado, caprichoso fluctuante hasta la exageración, imposible de seguir ni de catalogar la maquinaria electrónica de nuestro mundo individual, o sea, nuestra corriente de vida, trabajando con grandes desventajas, se hace muy lenta, muy retardada. El individuo, en su próxima vida, será un retardado.

El hombre es superior al animal porque dispone de raciocinio, inteligencia y libre albedrío, para manejar sus sentimientos, pensamientos y emociones. Esas son las tres dimensiones en que vive. Pero si él no aprovecha estas tres dimensiones, ni las domina, las gobierna, éstas lo dominan a él. Es como si no las poseyera. Entonces se coloca en un nivel inferior. El del animal.

Primeramente, hay que saber que esta energía que nos viene por toneladas, baja por el cordón de plata directamente del *Yo Soy*. Es un regalo constante y eterno de nuestro Dios. El no nos la mide. Es nuestra prerrogativa usarla, economizarla, graduarla, dirigirla, controlarla y hacer el mejor uso de ella.

En el comienzo de la vida así lo hacíamos con toda la sabiduría de nuestro cuerpo mental superior. En la caída del hombre se ha ido entorpeciendo más y más hasta que ya tengamos que volver a hacerlo todo de nuevo y regresar a la casa del Padre con el sudor de nuestra frente.

Antiguamente, los estudiantes del Sendero Espiritual tenían que ingresar en los Templos Iniciáticos para aprender y practicar con problemas fingidos, porque la vida era primitiva y sin las oportunidades que hay hoy. Pero luego los templos tuvieron que elevarse al plano etérico, no podían soportar las horrendas vibraciones terrenas y la tierra precisamente es la escuela iniciática ideal para ascender lo más rápidamente posible, ya que cada momento nos ofrece una lección, una práctica y una oportunidad para dominar, superar y purificarnos. Es fácil determinar el nivel en que se encuentran ustedes. Las que tienen que trabajar para ganarse la vida, las que tienen esposos e hijos, las que tienen problemas de salud, sentimentales, de carácter indomable, en fin, que *Por sus frutos los conoceréis*.

Por eso todo el mundo tiene que pasar por el dominio de ese mandato loco que le están dando a sus electrones. Dándose cuenta la cantidad y la diferencia de emociones que pasan en una sola hora, pueden juzgar la cantidad de veces que esos pobres electrones, cuyo sello es la obediencia, habrán tenido que cambiar de velocidad y de cualidad de radiación durante el día. Comprenderán que es casi imposible un progreso permanente. La persona tiene que poner conscientemente un cese al despilfarro y comenzar a educar su autocontrol paso a paso a través de las experiencias del día, a pesar de las provocaciones ajenas, y precisamente, aprovechando esas provocaciones que ofrecen las tremenduras infantiles y los defectos de los adultos, que nos caen tan "gordos", como dicen en México.

¿Y cómo se le impone exactamente un patrón a los electrones? Vamos a ver. La esencia de la vida, o energía, que baja de la Presencia **Yo Soy** al corazón humano, a través del cordón de plata, enciende la Llama Triple. La inmortal y la Victoriosa Llama Triple. Esta es Inteligencia Directiva. Corresponde a lo que conocemos como Cuerpo Mental Superior al través del cual funciona la Presencia **Yo Soy** a quien Esta da sus órdenes. Es nuestro Quinto Cuerpo. También la conocemos como el "Ropaje del Cristo". El Sexto Cuerpo o Vehículo es el Cuerpo Causal y el Séptimo es el **Yo Soy**. A medida que la recordamos, la usamos y la ampliamos, Ella se va agrandando hasta que toma una figura "a igual semejanza de Dios", o sea, de nuestra Presencia **Yo Soy**, y entonces se graba en la figura nuestra. Es la Conciencia Crística. Es el Cristo.

Cada grupo espiritual tiene su diccionario particular, y a

nosotros nos corresponde ir reconociendo nuestras imágenes en las de los demás. En el Puente llaman a este Cristo Interior que nosotros tanto amamos y usamos, *El hombre de oro*. Todo esto se hunde en *Uno* en el momento de la Ascensión.

Cuando nos damos cuenta de que nuestro "patrón" tiene que ser constante para que podamos adelantar; y que no nos podemos dejar dominar por ataque de furia, de llanto, de impaciencia, sino que tenemos que poner en práctica todo lo que nos ayuda a dominar el impulso porque ya no podemos permitirnos un solo pensamiento o sentimiento que no sea cónsono con la Verdad, el Amor, la Paz, el Equilibrio, la Armonía y la Belleza, ya que éstos actúan como un Director de Orquesta, que impone lo que ve en la partitura es el Patrón que los electrodos (nuestros músicos) van a seguir.

Recuerden: Nuestros patrón es un rayo de luz en constante movimiento, vibrando a una rata de acuerdo con lo que pensamos y sentimos.

El Amado Eolo dice: El conocimiento de esta Ley de Armonía es un seguro contra el desastre. Contra las apariencias exteriores de imperfección en el mundo individual. Es la responsabilidad de cada uno el mantener un fluir armonioso de la energía que nos regala el Padre, por encima de todos los disturbios exteriores y las provocaciones que recibamos todos los días.

Los humanos cuidan sus posesiones materiales con gran atención, esmero y vigor; y sin embargo, la más preciosa y valiosa de todas, la Armonía, permiten que sea destrozada a cada rato y por el más leve pretexto. O sea, en cuanto se tropieza con una acción negativa por parte de otros, o una palabra fuerte, o una noticia del Exterior, o una condición molesta trivial como, por ejemplo, el de andar en una "cola" o encontrar un número de teléfono ocupado.

El Dios de la Armonía, el Amado La Moray, quien tiene su foco encima de la Isla de Madagascar, recomienda que al despertar y antes de poner los pies en el suelo, se piense en la Llama Triple del Cuerpo Físico; luego se visualiza al Llamita no Alimentada de cada uno de los otros tres vehículos (emocional, mental y etérico) pensándolos como tres estrellitas brillantes, y luego de pronto ampliándolas hasta reunirse con la Gran Llama Triple que ya hemos visualizado. De esta manera estaremos alimentando las Tres Llamas Triples a las cuales jamás le hemos prestado atención. Una vez hecho esto, ponemos los pies en el suelo y dirigiéndonos al *Hombre de oro* o Cristo, lo ampliamos también, visualizándolo en nuestro corazón. Después podemos pensar en alguna virtud que deseamos desarrollar, o en algo que deseamos enviar a algún familiar o hermano necesitado. Se le pide al *Hombre de oro* que actúe a través de éstas Llamas Triples, pues es mucho más efectivo activar las tres Llamas antes de invocarlo, ya que sin alimentar nuestras Llamas Triples estaríamos esperando que El las ampliara, y es trabajo nuestro el alimentar nuestros frutos. Después se le puede pedir a cualquier Entidad su Ayuda.

Lo que sucede es que los electrones se mueven con gran rapidez y expulsan las discordias que se encuentran en las entretelas. Todo dolor o molestia es una acumulación de discordia que los electrones no tienen suficiente impulso para desalojarla y expulsarla. Cuando se invoca a la Llama Violeta a que pase por un órgano, la acción vibratoria de los electrones se acelera de inmediato y la Llama Violeta disuelve la acumulación.

Después de pensar en tu Llama Triple, de activar las otras tres partes y seleccionar la virtud que tú quieras que actúe durante las próximas venticuatro horas, pidele al *Hombre de oro* que regule los electrones de los cuatro vehículos inferiores, ampliado por el Ascendido Maestro, Director de la virtud que deseas.

Dice La Moray que te asombrará el adelanto que verás a la semana, y mayor adelanto al mes de efectuar esta práctica. También dice que verás que lo que antes te irritaba ahora se deshizo. Que sentirás tus nervios tranquilos, estabilizados, y que como toma un poquito de tiempo movilizar los electrones acostumbrados a no moverse, que lo invoquen a *El*, (La moray), y El le darán su asistencia al *Hombre de oro* también.

SOBRE LOS PROBLEMAS DE NUESTRA ERA

Muchos siglos antes de terminar una Era, los Adeptos que son designados para trabajar en la Era que ha de entrar, tienen que hacer grandes estudios y programaciones; sus tareas son gigantescas.

Primeramente, tienen que tomar en cuenta que una Era es siempre positiva y la otra negativa. Esto trae automáticamente un conflicto de intereses, de gustos, de tendencias, etc. Este conflicto, aunque es natural, tiene que ser aminorado, suavizado y contemporizado. El gran amor de los Maestros y Seres de Luz está siempre atento para evitar roces y choques entre las costumbres de la Era que sale y la Era que entra. Por ejemplo: en la Era pasada (Piscis), Era negativa mística, emocional, la tendencia era de retirada a conventos y monasterios para poder entrar en contemplación. Todo en esa Era ayudaba al místico, al santo. La India desarrolló su sistema de *Yoga* meditativa, la vida solitaria introspectiva. No solamente es un sendero auténtico, sino que el haber logrado la unión con el *Íntimo* (*Yo superior, maestro interno*) era y es la meta de todo sendero espiritual. Es un triunfo que no puede ser desbaratado por ninguna tendencia más moderna. En cambio la *Era* de Acuario es extrovertida; la tendencia es a internacionalizarlo todo; la orden es de trabajar por los demás, de unificar en actividades públicas y hacer por la comunidad. Los Maestros no pueden permitir que se les hiera y maltrate a los que tanto lograron por medio de la contemplación interna, pero los "*hippies*" están en su derecho de provocar toda la destrucción que puedan con respecto al orden antiguo, ya que éstos están impulsados por URANO, el Regente de ACUARIO, como veremos luego.

Los Adeptos que manejan las Fuerzas Espirituales de la Nueva era tienen, pues, la tarea dificultosa de anticipar el futuro; de impedir que se anule la obra de Hermanos Adeptos de la Era Anterior; de tratar de proteger a la mayoría conservadora aún apegada a las viejas costumbres religiosas; y de entendérselas con las fuerzas negativas, espinosas, que aprovechan todo cambio para causar disturbios ilegítimos.

Urano, como Regente que es, es el Señor de la casa de Acuario.

Acuario, es sólo el signo que entra. No es un planeta.

Urano, es el planeta Regente, que tiene vibraciones propias y que influencian todo en la Tierra.

El signo que sale se lleva sus corrientes. El que entra, trae las suyas. y éstas están en conflicto. Mientras la casa se limpie de las corrientes antiguas y se instalen las corrientes nuevas, hay siempre una gran revolución. Por bien, jamás por mal.

Urano es un foco vibratorio fortísimo. Aunque se encuentra tan lejos de la TIERRA, la dominan sus vibraciones, hasta el punto de que se le llama *El destructor*. En realidad es un Renovador. Es el que pone el equilibrio en Acuario, pero todavía la vemos como un monstruo. Fíjense: su influencia aumenta frecuentemente la Química, la Ciencia, lo magnánimo, lo maravilloso, lo excéntrico. Por eso, alborota desmedidamente la Ciencia-Ficción, la producción científica de criaturas, monstruos, todo lo raro, inesperado, extraño, la brujería, la magia, la Nigromancia. Es fuertemente masculino que parece odiar a la mujer y pone la interferencia en el patrimonio que lo destruye. No hay felicidad doméstica bajo Urano.

El planeta Neptuno, es el opuesto de Urano, y éstas son dos influencias contrarias se encuentran ahora en conflicto directo.

Urano es mental, aéreo, Neptuno es acuático, sentimental.

Los dos sexos, en lugar de encontrar su complemento uno en el otro, se encuentran frustrados y se internan en el propio ser buscado la unión, la boda mística. Esto es para que el "ego" se liberte de deseos personales para el futuro.

Como los Uranianos son andróginos, producen el individualismo. En los planos bajos esta influencia produce la homosexualidad, lo cual explica por qué hay tal aumento de esta condición en esta Era. El conflicto en que los Egos sienten el impulso de buscarse a sí mismos, pero la costumbre (o la imagen implantada) de buscar el Amado o la Amada afuera, los hace caer en el error de tratar de encontrar tal unión en alguien del mismo género, exteriormente.

Todo esto se corregirá, se tranquilizará, se normalizará, andando la Era, ya que una Era entera no es sino la amplificación de un mes terreno, en la forma siguiente: Ustedes saben que los meses los dividen los astrólogos en tres partes llamadas Decanatos. Cada Decanato contiene diez días, o sea, que el 21 de este presente mes es el comienzo de un signo, hasta el 1 del próximo. Este es el primer

Decanato. Ese día del mes marca la entrada del segundo Decanato que dura hasta el día (11). Este día once marca la entrada del tercer Decanato que dura hasta el día 21, en cuya fecha cambia el Signo.

Hay quienes afirman que las fechas son: 20 - 3- 10. Otros aseguran que son: 22 - 2- 12. Nadie puede asegurarlo porque son épocas cósmicas y en el Cosmos no hay tiempo.

Bien, como es arriba es abajo y viceversa. La Era tiene su primer Decanato que dura 700 años. Luego sus otros dos Decanatos de 700 años cada uno, los tres sumando 2.100 años que es la exacta duración de una Era, mientras entra o sale la otra.

Los primeros 700 años, o sea, hasta el año dos mil seiscientos cincuenta y pico, estará la Tierra gobernada por el *Renovador Urano*, para transformarle a los humanos el centro físico-etérico, o sea, el orden de vitalización, que será diferente a todos los anteriores, ya que siendo Urano una influencia mental, desarrollará la Voluntad para que cada humano logre controlar el subconsciente sin necesidad de apelar a un psiquiatra o psicoanalista, limpiándolo y purificándolo él mismo.

Es significativo que Urano es de color Violeta, y que también estos primeros 700 años están bajo la dirección del Primer Rayo AZUL.

Urano renovará ese centro de Vitalización que hasta ahora se ha llamado "El despertar de Kundalini". Parece ser que en esta Era el Centro está en el Corazón y se llama "EL CRISTO".

En la generalidad, se espera este despertar al final del primer Decanato. En los Metafísicos llevan un adelanto de mil años por encima del planeta Tierra.

VOLUNTAD

Parece ser que lo más importante en la vida de un individuo, y de todo individuo, es la *Voluntad*. No me refiero a la fuerza de voluntad, ni a la persistencia, tampoco a ese gesto que se hace cuando se dice con violencia: "Esto es así, porque *Yo quiero*". No. Ni tampoco me refiero a ese empeño que no flaquea, que continúa por encima de todo repitiendo a pesar de todos los obstáculos y contratiempos. No. No es la resistencia pasiva tampoco. Nada de eso. Todo esto es muy meritorio y tiene sus ventajas muy grandes, pero lo que quiero hacer comprender es la *Voluntad* en los términos siguientes: Por ejemplo, te ponen frente a ti una manzana y un mango, y te dicen: ¿cuál deseas? Tú contestas: "El mango..." Esa es tu voluntad. Pero todavía se podría decir que eso es "preferencia" porque te han puesto a elegir. Pero en este otro ejemplo: Yo he decidido hacer una exposición de arte, y hago mi lista de personas a quienes deseo invitar. En este caso, no me han puesto a elegir. Es mi *Voluntad* hacer una exposición, y es mi voluntad expresar el deseo de que asistan las personas invitadas. Yo no he hecho un gesto de voluntariedad... No hay por qué hacerlo. Supongo que si alguien trata de impedírmelo, entonces, tal vez, sí haría un gesto imperioso contra aquél que trata de desviar mi decisión. Así pues en este caso sería, decisión y preferencia, pasiva y sin violencia ni esfuerzo.

Esa *Voluntad*, a la cual me he referido, es la que se respeta como libre albedrío en todo el *Cosmos*. Y es respetada en una forma que tengo que hacérsela saber un poco más adelante, porque es muy importante que se sepa.

Ahora quiero que se fijen en lo siguiente: El Principio de Correspondencia hace que el *Azul* sea el primer color que encontramos en el cuerpo causal del individuo, así como también la propia cura de Dios Padre. El *Azul* representa o simboliza, la *Voluntad* de Dios, y además, ordena la cabeza del *Yo* Superior. En el primer color que encontramos y fíjense bien que representa la *Voluntad*, sea de Dios o sea nuestra, como imagen y semejanza de Dios que somos. Nosotros cada vez que hacemos un tratamiento u oración, decimos: De acuerdo con la voluntad del Padre, o sea, que ante todo deseamos cumplir y que se cumpla, la voluntad de Dios en el asunto que estamos tratando. Como es arriba es abajo. La voluntad de Dios ante todo. La voluntad individual es lo que rige toda su manifestación.

Para que sea perfecta estamos dispuestos a que prive la de Dios antes que la nuestra.

Ahora, los estudiantes de la *Verdad* están en un nivel de evolución muy adelantado. Al comenzar a estudiar ya pueden decir con toda propiedad: "Yo no estoy en el plano de las leyes materiales, yo estoy bajo la Gracia". Al interesarse uno en las cosas espirituales ya pasó la voluntad a buscar a Dios. Yo les dije que la voluntad individual es lo más importante en la vida del individuo y que era respetada por todo el Cosmos. Imagínense ahora, lo que eso significa en términos del respeto que se merecen todos ustedes por parte de las huestes angélicas y los planos superiores e inferiores... y con estos últimos, más aún ya que los planos inferiores no pueden ni acercarse a molestar la voluntad individual... Hay una barrera que lo impide... Si el individuo no lo sabe y cree que todo el mundo puede interferir, molestar, impedir e interrumpir, pues *Eso mismo le sucede*... Pero, al estar en cuenta de que su *Voluntad* es lo más respetado, lo más importante para todo el Cosmos, entonces la *Verdad* lo hace libre, y esto le da una seguridad y una gran fe.

El respeto a la voluntad individual es tan grande y tan importante que hay una ley conocida por todo el Cosmos que es la siguiente: "No se puede prestar ayuda, si no viene directamente por petición de la octava en la que se origina la necesidad". Esto significa que a la necesidad material no pueden acudir los santos, ni los Maestros directamente. Tiene que surgir la oración, no solamente del propio plano, sino de la OCTAVA particular. Una octava es una subdivisión de un plano. Así como en el plano hay siete octavas, en los planos hay infinidad octavas. Son SUBDIVISIONES que rigen la armonía universal.

Vamos a decir que alguien tiene una llaga. Mientras esa persona se cure su llaga con ungüentos y pomadas, polvos, vendas y cosas materiales, su poder curativo espiritual no se mueve. No hace nada por sanar aquella dolencia. Y dices tú: "¿Pero entonces, Dios no me atiende?" En ese caso todo está en suspenso esperando la menor indicación del individuo. Hay guardianes silenciosos en todos los planos, atentos a la menor lucecita o cambio de intensidad en la oscuridad, para volar con el mensaje a algún ser de luz que venga a intervenir... Pero mientras en el individuo no se den señales de ese cambio, nadie se mete con él... Se supone que es su *Voluntad* curarse él mismo y nadie coarta su decisión. Por eso se dice que la petición tiene que venir de la propia *Octava* del individuo para ser atendida. Los grandes Maestros dicen: "Si no fuera por esa ley, cuánto tiempo hace que nosotros hubiéramos salvado la tierra de sus males".

Ahora, con respecto a los ángeles es distinto. Dice una máxima ocultista: "Es estirpe de los ángeles descender al nivel de los átomos" Esto quiere decir que allí donde no llega nada ni nadie, ni santo ni Maestro, puede llegar un ángel. A ellos no les está prohibido ninguna entrada, ni cerrada ninguna puerta, porque ellos son hechos de sentimientos purificados, mientras que los humanos están mezclados con egoísmos, con temores, con odios y venganzas, pero la parte pura de todo sentimiento hace que vengan los ángeles a ver si pueden ayudar. No en vano les digo yo siempre a ustedes "pongan un ángel", cada vez que se trata de proteger a un niño, la casa, las puertas, las ventanas o lo que sea.

Por esto es que el más leve sentimiento es percibido por el ángel guardián silencioso que atisba precisamente estos cambios y llama a los directamente interesados para que vengan a ayudar.

¡PARECE MENTIRA!

...que la única creación de Dios que posee la facultad del *libre albedrío* sea esta humanidad, este Ser humano que somos cada uno de nosotros, y que por poseer ese don divino seamos los únicos que nos hemos atrevido a crear la discordia, el odio, las guerras, el hambre, el desorden, el libertinaje y la maldad. Y vamos a comprobar este alegato.

Por debajo del hombre están los animales, las aves, los insectos. No tienen libre albedrío porque no razonan siquiera. Son casi autómatas gobernados por un espíritu superior llamado "Espíritu Grupo". Los hay para cada especie y éstos no se apartan de su Principio Fundamental, Amor, Vida, Armonía y Luz.

Más arriba del hombre están los Ascendidos Maestros, la Hueste Angélica y los Seres Cósmicos que no se apartan jamás de su Principio Fundamental de Amor, Vida, Armonía y Luz. En la misma humanidad hay seres adelantados que al no más conocer a su Amada Presencia y darse cuenta de lo que acarrea el libre albedrío, no piden otra cosa que la Amada Presencia asuma el mando y que se cumpla la Voluntad Divina y no la propia.

Por esto del libre albedrío es que nuestra Tierra tiene 50 siglos de atraso. Ella está atascada en un mismo punto. No retrocede, pero no avanza ¿Y por qué? ¿Qué fue lo que interrumpió nuestra marcha? Ya se los voy a decir.

Ustedes saben que el hombre tiene varios cuerpos, uno por cada plano de la vida. Estos planos son siete, cada uno con siete subdivisiones. Pero no vamos a tratar sino tres de estos planos, o sea, el Plano Físico, el Plano Astral y el Plano Mental. Mejor dicho el Cuerpo Físico, el Cuerpo Astral y el Cuerpo Mental. De éstos, el Cuerpo Físico se compone de dos partes muy marcadas. La parte densa formada por sólidos, líquidos y gases, y la parte que no vemos, formada por cuatro tipos de materia muy fina. A esta parte se le llama el Doble. El Doble Etérico. No confundir con el **Plano** o **Cuerpo Etérico** que es parte del Plano Mental. El **Doble es idéntico al Físico** pero es como una niebla, de color grisoso, **es más grande** que el físico, o sea, que sobresale del Físico como cuatro centímetros porque su cometido es el de absorber los Rayos solares y distribuir la vitalidad por todo el Físico. No es difícil verlo. Se le llama el Aura de Salud porque cuando la persona está sana, es brillante y cuando está enferma, luce opaca. Los hindúes le dicen *prana* a la vitalidad.

Este Doble no debe jamás separarse del cuerpo denso. El no debe usarse para clarividencia ni para salir de viaje en el espacio. Es el protector y suministro vital del cuerpo. Sin embargo hay cosas anormales que lo hacen separarse un poco, como un golpe muy fuerte, un acceso de furia, una terrible emoción, la desesperación, la mala salud, las drogas y la auto-hipnosis. Esto causa una condición desastrosa llamada mediumnidad. La mediumnidad es una anormalidad; es, pues, una enfermedad. Es un desorden. Sí, mis hijitos e hijitas, la mediumnidad no es un don del cielo ni una prueba de altura. Es negativa y no se debe practicar. Hay que curarla porque es una enfermedad psíquica.

Ahora, como la humanidad tiene a menos controlar sus arranques emocionales Positivos o Negativos, o sea, de cólera y pena, como de placer, exponiéndose a todo género de accidentes y enfermedades, toda vive expuesta a la separación del Doble Etérico. Hay ciertas sectas (que no necesitamos nombrar) que enseñan a todo el Planeta a entrar en trance mediumnímico por medio de ritos, relajaciones, cantos monótonos que inducen la auto-hipnosis, y esto separa el Doble del cuerpo denso. En toda sesión espiritista la medium termina en profundo agotamiento. Se le ve demacrada, jadeante, sufre palpitaciones terribles. Todo porque al separarse el Doble del físico priva a éste de vitalidad. Si ocurre algo que asuste al medium, éste moriría. Ninguna persona de buen sentido debe jamás practicar ni la mediumnidad, ni el espiritismo, porque es peligrosísimo.

Por otra parte, el medium es un instrumento pasivo de influencias ajenas. Los espíritus de altura jamás se acercan a un cuerpo impuro. El mediumnismo es el antítesis del adeptado. Generalmente son los espíritus muy bajos de los subplanos astrales los que vienen para aprovecharse de la vitalidad del medium. Si son los espíritus de la naturaleza, no pueden soportar la emanaciones humanas. No se acercan. Los espíritus burlones les encanta mistificar, engañar y hacer papeles de grandes figuras. La persona inteligente los puede desenmascarar. Casi siempre los mensajes que dan son leídos por los mismos espíritus en la memoria o la conciencia de la persona. Los espíritus de los llamados "muertos" a menudo se pueden acercar, pero siempre son los muy llenos de impurezas quienes buscan alivio en los vivos. Por supuesto, si hay una clarividencia espiritual, pero ésta no es tan distante del Plano psíquico como una estrella de una luciérnaga. Sólo un Adepto puede separar su parte etérica voluntaria y conscientemente, ya que él sabe dominarse a sí mismo y subyugar a las potestades inferiores.

Todo lo dicho es lo que ha estancado a la humanidad en un ambiente psíquico de donde es muy difícil extraerse. Es una de las grandes razones que mantiene a la humanidad en el atraso de 5.000 años. Habiendo superado los cinco mundos: Mineral, Vegetal, Animal, Humano y Astral; cuando deberíamos haber entrado en el Plano Mental y estar a las puertas del Plano Espiritual manifestando el Cristo, se nos viene encima la Era de Oro, la Iniciación de la Tierra en que ella tiene que elevarse a la órbita de Venus; cuando deberíamos ser ya una sola raza, los *HIJOS DE DIOS*, resulta que estamos atascados en el Plano Astral, luchando junto con cuatro otras razas que han ido viniendo cuando les tocaba encarnar aquí, obstaculizándoles su adelanto. Y esto trae por consecuencia que más de la mitad de los habitantes de la Tierra no podrán soportar las vibraciones aceleradas que van a comenzar pronto a manifestarse en el viaje de la Tierra a la órbita superior. Esta cantidad de humanidad tiene que irse a otros planetas inferiores al nuestro, y ya los estamos viendo irse, pues no será como cree la mayoría, que vendrá un Cometa que arrancará a esa mayoría con un arrastre de su cola. Eso es fantasía. No. Se van de muerte natural o de accidentes, de aviación, marinos, de cataclismos que ocurren por derrumbes, terremotos, etc. Todo lo cual se lleva grandes grupos. Los estamos viendo ocurrir cada día más. Los Maestros tratan de superar la condición de atraso, y tienen 172 años enviando a la Tierra enseñanzas avanzadas para hacernos dar el salto al Plano Mental. El primer Maestro que enviaron se llamaba Quinby, quien trajo El Nuevo Pensamiento (por lo cual nombramos la Revista Metafísica). De allí en adelante se han sucedido otros grupos entre ellos *La Ciencia Cristiana* y *Unity* todos basados en la Ley de Mentalismo que es lo que controla y equilibra las anormalidades mencionadas, del Cuerpo Emocional, y que es lo que mantiene atraso a todo el Planeta Tierra.

Es muy importante recordar (porque ya esto ha sido enseñado en los Libritos 1 y 2) que no es que haya que trasmutar o destruir la emoción. Es simplemente equilibrada con el desarrollo de la inteligencia. Toda creación contiene Sentimiento y Pensamiento equilibrados porque si la creación contiene más cantidad de uno u otro se produce distorsión. La Tierra está cargada de una efluvia grotesca de creaciones distorsionadas, en especial los planos inferiores del Astral, porque impera el descontrol emocional y por lo tanto el odio.

No se debe tolerar que la mediumnidad por la separación del Doble Etérico gobierne a la humanidad y el Planeta.

Repito, si existe la comunicación espiritual de gran altura, pero es pura y no puede descender a la impureza. La más pura que existe es la llamada *Luz y sonido*. Esta, además de pureza, requiere un entrenamiento tan especial que tarda treinta años en producirse en la persona preparada. Así como en lo que se llama "Medium de Aportes", la medium no puede controlar la manifestación y cuando menos se espera caen objetos del espacio. Lo mismo ocurre con la Luz y el Sonido. Es decir, que la voz del Maestro y las letras y palabras hechas en luz aparecen en el aire, visibles a todos los presentes, porque la medium es ya un campo magnético. De manera que si alguien te dijera que él o ella es "Medium de Luz y Sonido", no le creas, ya que esto no tiene por qué divulgarlo nadie. Está claro y a ojos vista.

Relee mucho esta lección para que comprendas muy bien los mecanismos que contiene.

¿Saben ustedes a qué se llama "Magnetismo Personal? Los Maestros dicen que con cada latido del corazón emana una llama inteligente que irradia luz compuesta por electrones de forma octagonal, es decir, como un polígono de ocho lados. Visualícenla como una de aquellas cuentas por collares, que parecen diamantes. De eso se va formando la sustancia electrónica que nos rodea como una gran aureola, ya que cuando estos electrones emanan de nuestro corazón van permaneciendo en nuestra atmósfera, y cada uno de nosotros se encuentra, como quien dice, "empacado en hielo". La naturaleza y el carácter de cada uno determinan el tamaño, la condensación y la fuerza de esa sustancia electrónica que nos rodea a cada uno. Y es posible sentir la personalidad, o el "Magnetismo Personal" de una persona, al entrar en su presencia.

De acuerdo con ese tamaño y fuerza del Magnetismo Personal, la persona es capaz de dominar a un grupo, a una gran masa a una nación entera. Es como una onda que abarca e influencia. Si el magnetismo es negativo o maligno, el efecto es contraproducente. Si es positivo y constructivo la influencia será benéfica. Aquellos con dominio negativo son los que se vuelven dictadores. Aquellos que están en contacto con su Amada Presencia y con los Maestros Ascendidos son imbuidos, transformados y llenados del Poder de Dios.

Como comencé a explicar en la narración llamada "Parece

Mentira", la humanidad entera ha estado emitiendo incontables toneladas de sustancias electrónicas impuras. Debido a la separación de los cuerpos Físico y Doble Etérico, debido a la violencia, al descontrol emocional, la emanación de todo el planeta, o sea, lo que cubre a la mayoría de los humanos y por lo tanto al planeta, es lo que llaman los Maestros "Sustancia psíquica y Astral". Esta es una creación humana de centenares de miles de toneladas de sustancias impuras que recubre y opaca la luz que debería estar irradiando el planeta Tierra. Esta cosa opaca es lo que se llama "El Plano Astral". Apréndanse bien esto para que sepan de hoy en adelante lo que es el Plano Astral; a desconfiar de los llamados "Mensajes" y a pedir muchísimo discernimiento con respecto a éstos.

El magnetismo benéfico naturalmente ejerce una influencia de radiación divina, despertando Cristos, haciendo más alerta y autoconscientes a los demás.

Hemos sido encargados de "desvestir" a la Tierra de la sustancia astral que la reviste y la opaca. Ya todos ustedes conocen el Mandato Cósmico respecto a que la Tierra emita mayor cantidad de luz, y esto significa que todos aquellos que tengan discípulos y ejerzan la enseñanza de la "*Hermandad Saint Germain*", tienen que comenzar de inmediato a enseñarles a cumplir con el Mandato Cósmico en la forma que sigue:

Sugerimos la siguiente "Invocación" para iniciar la diaria Meditación, y así atender a la tan importante tarea que se nos ha dado.

"Por la Ley del Uno y en el nombre de la Amada Presencia **Yo Soy** en mí y en todos mis hermanos encarnados y desencarnados" decreto:

YO SOY la Ley del Perdón y la Llama Transmutadora de toda acción disarmónica y de toda humana creación, mía y de toda la humanidad.

YO SOY la Inmortal y Victoriosa Llama Triple de toda partícula de vida; y en cumplimiento al Mandato Cósmico invoco a los Amados Señores de los Elementos, Helios y Vesta, Thor y Aries, Neptuno y Lunara, Pelleur y Virgo a que purifiquen a toda la atmósfera de la Tierra, a todos los Elementos y a todos los seres humanos para devolverles todo el esplendoroso brillo original.

Ruego a los Amados Ascendidos Maestros que pongan Su Luz en la conciencia y en la de todos mis hermanos para limpiar la mugre de los Siglos. Todo lo cual pido y decreto en la Presencia Luminosa del Amado Gautama, y el Perfecto Equilibrio de Polaris y Magnus, encargado de llevar a la Tierra a su ascensión hacia la órbita de Venus.

A medida que les voy pasando estas narraciones, continúan ocurriendo grandes desastres en todo el Planeta Tierra. Les recuerdo que **no va a ocurrir un Cataclismo Planetario.** Sólo ocurrirán cataclismos aislados en que desaparecerán grupos de aquellas personas que no podrán resistir la creciente rata vibratoria, a medida que el Planeta se endereza y aumenta su frecuencia para ascender hacia la órbita más adelantada del Planeta Venus. Piensen que si esas personas sintieran el despertar crístico, estando aún en el estado de conciencia pisciana que ellas se resisten a soltar, se volverían locas sufriendo estados morales muchos peores, ya que no serían de un rato corto y repentino sino de larga duración. O sea de una insoportable y continua tortura. Por lo tanto, cuando ustedes sepan y oigan de desastres como de la aviación, huracanes, terremotos, etc., diríjanse a la Amada Presencia y denle gracias en nombre de los damnificados, porque Su Infinita Misericordia los está cuidando y protegiendo de algo peor. No pidan que cesen las manifestaciones, ya que éstas significan escalones, evolución y purificación. Simplemente den gracias y envuelvan todo en Llama Violeta.

PARA FORMAR TU PROSPERIDAD

Hermano:

Lo que le sucede a las personas devotas y criadas en las doctrinas cristianas (que hasta hace muy poco estuvieron en vigencia), es que creen en la separación del Cielo y de la Tierra, del Cuerpo y del Espíritu, como si Dios estuviera en el uno y no en el otro. Tú oyes mucho decir por allí: "¿Qué se va a ocupar Dios de estas cosas?" ¡Como si Dios pudiera dejar de ocuparse de su propia esencia! Cuando *La Biblia* dice "Dios está en todas partes" no sugiere que Dios está en las cosas grandes y no en las pequeñas. "Todas partes" no necesita calificación. Es *Todas partes, el todo* y *las partes*.

Nuestros cuerpos están en tierra. No faltaba más que Dios fuera a despreciar los templos que El mismo ha creado para poder habitar la Tierra, precisamente porque está en la Tierra y no en el espacio sideral, ¡ah, caramba!.

El Padre, que nada ha desatendido, nos ha puesto la manera de crearnos *Todo, Todo, Todo* lo que nos sea menester en este plano y en todos los planos. La lección nos la ha dado en el Padre Nuestro de cada día dánosle hoy... Eso significa que tenemos que **reclamar** lo que necesitamos y que es **nuestro, ya.** Pero nadie, sino nosotros mismos, puede saber que es lo que nos hace falta. La palabra *Pan* cubre todo: dinero, ropas, viajes, estudios, comida, compañía, distracciones, trabajo, etc. Y como *Somos todos el hijo de Dios, esencia del Padre*, nos ha dado la fórmula mágica para reclamar, pedir, decretar o **crear** y que nos caiga *Ya, Ya, Ya*, sin demora alguna. Y es usando el nombre del *Padre*, que es "***Yo Soy***".

"Al pronunciar las palabras ***Yo Soy***, dice Saint Germain, toda la creación y todas las esencias creadoras se detienen en suspenso, esperando lo que viene después para producirlo al instante. Tan poderosa es la palabra, el Logos creador ***Yo Soy***, que se pone en movimiento todo atributo de Dios, y que si lo dejamos quieto, la manifestación es instantánea. Lo que pasa es que o ponemos duda, temor, o palabras contrarias, negativas como las que tú pronuncias tantas veces en cinco minutos, y se desbarató la creación que nos debería salvar. Porque, no te engañes, la misma fuerza con que sale el ***Yo Soy*** a cumplir el mandato positivo, cumple el mandato negativo si se ordena: cada vez que uno pronuncia un **Yo Soy** o un *Estoy* (porque es la misma persona quien habla); por eso las personas pasan años en un bajón sin poder surgir abajo.

Ocurre que las personas a quienes se les enseña esto, a veces les da pereza la tarea de corregirse poniéndose atentos a todas sus expresiones y para salir del paso dicen: "Yo no creo eso", creyendo que así van a eliminar la acción de la Ley. Pero la ignorancia de la Ley no quita el castigo. Lo que han hecho en realidad es desperdiciar la oportunidad de sentarse por fin en el Cielo, y la oportunidad puede que no se vuelva a presentar en muchas vidas.

Ponte ya a ordenar lo que te pertenece **Yo Soy** la presencia de Dios en mi negocio, en mi vid, en todos mis asuntos. *Yo* como hijo de Dios no puedo carecer de nada, mucho menos de dinero cuando este es el símbolo de la sustancia y la abundancia de Dios en la Tierra. **Yo Soy** la riqueza de Dios **Yo Soy** la afluencia y la abundancia de todo lo que *Yo* pueda necesitar. Como es Arriba es Abajo y si Arriba tengo yo la Paz y el Orden, abajo *No puedo tener angustia y desorden*. Arriba y Abajo son una misma cosa. Gracias Padre que me has oído y siempre me oyes.

Ponte a ordenar *ya* y hasta cuatro veces diarias lee este escrito, o repite la afirmaciones que te he dado. Por una semana entera vas a hacer esto. Tú tienen mucho que hacerte perdonar porque no has hecho sino decretar pobreza, limpieza de bolsillo y Banco, "no puedo, no tengo, no hay". ¿Qué es eso, Señor?, ¡Todo eso es mentira y tú mientes a cada paso de cada día!!!

Yo te veo perfecto, hermano, Tú eres bueno, bondadoso, piadoso, noble, eres un encanto. Sólo te veo un defecto espantoso. Menos mal que es inconsciente, pero como ya te dije, la inconsciencia o ignorancia no quita el castigo y tú tienes la prueba. El defecto es que vives pregonando a los cuatro vientos la pichirrería de Dios, la mezquindad y la avaricia del Padre. Cada vez que tú dices "Este negocio", como ese negocio te representa a ti y tú eres **Yo Soy**, tú estás difamando a Dios en ti y decretando constante miseria.

Decreta lo siguiente: "En nombre de mi presencia Yo Soy, ordeno que no vendrá absolutamente nadie con una cuenta hasta que en esta caja haya lo suficiente con qué pagarla. Ordeno que jamás vendrá una cuenta si en la Caja no hay lo suficiente para cubrirla, y que *siempre*, habrá con qué cubrir ampliamente y sobrancero todo lo que sea menester. Lo decreto en armonía para todo el mundo, bajo la Gracia y de Manera Perfecta. Gracias Padre".

Todas las mañanas bendice tu negocio, bendice todo el que necesite un algo que tú puedas suministrarle, rodea de amor a todo el que te deba dinero y pronuncia por ellos: "Sólo la Presencia de Dios *Yo Soy* actúa en ellos". Bendice tu cuenta de banco, bendice la caja y di al mismo tiempo "Yo Soy la Presencia de Dios en esto". Y si tú cumples con Dios en esta forma, con todo tu empeño, tu disciplina y tu voluntad, verás milagros.

Repite todas las mañanas al despertarte: "Gracias Padre que el día de hoy todo está cubierto".

El secreto de esto es que no existe el futuro sino el Eterno Presente. Estás decretando para siempre, para el Eterno hoy, y cuando por orden divino vayan cayendo las cuentas por pagar, las obligaciones y los "imprevistos" ya están cubiertas en hoy, constante y eterno.

EL TRATAMIENTO DE LOS TRATAMIENTOS

Vengo a darte lo más alto que se nos ha dado hasta ahora: El tratamiento que sobrepasa todos los tratamientos, que elimina, que hace superfluos a todos los esfuerzos, decretos y repeticiones que antes conocimos.

Este tratamiento ha sido a través de *El puente a la liberación* por el Maha Chohan, representante del Espíritu Santo ante el planeta, para transformar el mundo.

Al abrir los ojos por la mañana, piensa en el Sol, te visualizas centrada en él, y afirma:

Yo soy la radiante, brillante presencia de Dios, sin limitación, sin tiempo ni edad, sin impureza y sin imperfección.

Medita esa afirmación de la manera siguiente: Estás hablando la pura Verdad porque eres tu átomo permanente que es la Presencia de Dios en ti. Al visualizarte centrada en un Sol que abarca todo lo que te rodea, has ampliado el brillo y la radiación de tu átomo permanente. Te has convertido en un foco, un contacto, un agente de Dios, y todo lo que entra en tu radiación durante ese día, se despierta a la Presencia de Dios. Todo aquello en que tú pienses, todo lo que hables, lo que toques, lo que te rodee luego, por Ley de Atracción queda en ese océano de vida, está iluminado y ya no le quedan sino dos caminos: 1) si es positivo, tiene que continuar perfeccionándose y 2) si es negativo, tiene que comenzar a purificarse instantáneamente. Lo más grande es que ya tu Presencia lo ha envuelto en un rayo antes de que tú se lo hayas pedido, porque tú, en tu meditación de la mañana y por virtud de tu afirmación, le abriste la puerta. Eso es todo.

Eres la Presencia de Dios consciente y en acción. Lo has decretado con las palabras **Yo Soy**. Ya sabes que todo lo que se decreta con el **Yo Soy** pone en movimiento todo el Poder de Dios, y se hace instantáneamente.

Vamos a practicarlo. Piensa en algo que necesita ser remediado, por ejemplo, los barrios pobres, aglomeración de ranchos sin agua, sin agua, sin cloacas, sin luz y sin comida... No hagas nada:

el átomo permanente en el corazón. Son también cada uno la presencia del Dios, que al haber sido contactadas con tu pensamiento en ellas, entraron en tu radiación, son iluminadas con tu Sol, forman ya parte de tu océano de vida. Ya no pueden continuar como lo han estado. Ahora tienen que comenzar a purificarse de la imagen de miseria, desempleo, hambre y enfermedades que las han tenido hundidas en esa obscuridad.

Piensa ahora en algo que esté en tu ambiente inmediato, referente a un familiar, o a un amigo o amiga, o sea algo que tú puedes chequear luego. Piénsalo nada más, conociendo la Verdad de su átomo permanente, su Presencia de Dios, y puedes repetir tu afirmación de la mañana: *Yo soy la radiante, brillante presencia de Dios, sin limitaciones, sin edad ni tiempo, sin impureza y sin imperfección.* Ya está. Puedes repetir esto tantas veces como lo quieras para satisfacerte de que has hecho algo por ese caso, pero siempre que tú hagas tu tratamiento al abrir los ojos, no hay necesidad de hacer nada más.

Verás cómo poco a poco el tratamiento se te va extendiendo él solo y encuentras que todo el día, en todas las circunstancias, te acude a tu mente, hasta que siempre estarás consciente de la Presencia de Dios en ti y en los demás, en todo lo que re rodea y en todo lo que existe, basta con pensar en Dios para que El entre, domine y perfeccione.

COSMOGRAFIA

La mayoría de los humanos sabe muy poco respecto al Universo que habitamos. Este saber se limita a: La Tierra, como habitáculo suyo, el Sol; que nos ilumina y nos calienta; la Luna porque es nuestro "satélite" y misteriosamente tiene que ver con las mareas; las estrellas "que salen de noche", y finalmente los planetas más cercanos a la Tierra. Aparte de que la curiosidad ha impedido a nuestros co-humanos tratar de viajar al "satélite", es todo lo que el ser corriente conoce más allá de su nariz.

El rechaza todo intento de hablar sobre las condiciones vitales de otros planetas. Sobre todo rechaza categóricamente la idea de que pueden estar habitados. Para él ya se dijo todo con la explicación de que "no habiendo aire, no puede haber "vida". Le satisfacen estas teorías superficiales ya que no se molesta en empezar a meditar si la "vida" puede o no tener formas diferentes a las que él ve en su contorno, y ante la sugerencia de que un ser humano puede que sea distinto, en tierras y condiciones diferentes a la nuestra, estalla en una explosión de risa y comienza a formular chistes tontos sobre formas humanoides-animaloides con características vegetales, etc.

El concepto lapidario es: "no hay aire no puede haber vida" y se olvida que los peces son "vida", que los microbios son "vida" y que existe una especie de ellos llamados anaerobios, precisamente porque viven sin aire. Se olvida de que la "vida" se adapta a las condiciones y medio en que nazca y allí perdura y que sólo el cambio violento de un medio a otro medio para el cual no ha sido adaptada, es lo que no acepta.

Primeramente, el diseño divino de un ser con cabeza, facciones, pies, manos y órganos indispensables es siempre el mismo, no importa el plano o planeta a que pertenezca.

Si pudiéramos ver a los habitantes de los otros planetas, nos asombraríamos de constatar que son idénticos a nosotros, unos más bellos, o más feos, más altos o más bajos, pero por lo único que difiere es la materia que los compone. No serán de carne y hueso pero sí de material que concuerda con su atmósfera y la sustancia química que conviene a su ambiente y reino. Si las emanaciones de planeta son de mercurio, ¡el habitante del planeta Mercurio no puede ser de carne y hueso! Pero que es un humano, inteligente hermano nuestro e hijo de Dios, se sabe por las comunicaciones espirituales.

El simple hecho de que el pez, que se ahoga en nuestro aire, y nosotros que nos ahogamos en el agua, somos de carnes y osamentas distintas aunque habitamos el mismo planeta, pasa desapercibido para todo humano que se niega a creer que un "platillo volador" es una cosa positiva. Pero es de mentes obtusas y cerradas, ¡la pretensión de que todo tiene que ser idéntico a ellas sin desviarse un pelo!

¡Cuánto asombrará a los humanos el día que todos sepan que jamás podrán viajar ni a Venus a Marte en su cuerpo carnal, sino en cuerpo astral, etérico, periespíritu! ¡Y que podrán viajar a donde les plazca, desde la Luna hasta el último Planetoide, el día que sepan desdoblarse y proyectarse en sus vehículos menos densos! Más adelante en esta Edad de Oro, Era de Acuario, a cargo del Maestro Ascendido Saint Germain, será cosa corriente y común el día que se acabe el egoísmo y el odio, ya que los otros planetas superaron estos defectos y no pueden tolerar semejantes vibraciones.

Cuánto asombrará a los humanos terrícolas el saber que los llamados "platillos" se aparecen y desaparecen a voluntad de sus dirigentes. Que al acercarse a la Tierra con intenciones de aterrizar, retardan su marcha y por lo tanto sus frecuencias vibratorias, y se materializan por el mismo Principio que anunció Einstein: Cuando el hombre llegue a conocer su propia ecuación se desintegrará a voluntad y se reintegrará en otro lugar.

Algo parecido ocurre cuando un avión comienza a detener la hélice, y allí donde no veíamos nada comenzamos a vislumbrar las aspas que giran más y más lentamente hasta que se detiene por completo y se muestra sólida la hélice, ¡cuando a pocos minutos antes era invisible a causa de una vibración vertiginosa!.

Si no puede pensar, recordar y comprender este último detalle, ¿cómo se va a comprender ni creer en los habitantes adelantados de otros planetas, y mucho menos creer en los Maestros Ascendidos? Pero interesa mucho que la mayoría de los terrícolas comience a saber de estas cosas, por la salvación del planeta y de ellos mismos, porque como dijimos en el Mensaje anterior, los que ya saben algo de esta enseñanza y siguen las instrucciones, tienen el *chance* de salvarse de los cataclismos inmanentes, y ayudarán a salvar a todo el planeta Tierra de éstos.

A todo el que le parezca estas nuevas enseñanzas casi imposibles de crearlas, ¡no tiene sino que recordar que sólo hacen sesenta y pico de años que no se concebía la posible existencia de un avión, ni un fonógrafo, ni un teléfono, ni un televisor, ni un automóvil ni de la electricidad siquiera!

En idéntico estado de ignorancia se encuentra el hombre corriente con respecto a la Cosmogonía y Cosmología. Está convencido (aunque no se atreva a confesarlo, aunque se diga católico, protestante o judío) que al morir su cuerpo, se acaba todo él, o se desaparece en un más allá que es mejor "no jurungar".

Uno de los Principios de la Creación se llama la Ley de Correspondencia y tiene por lema "Como es Abajo es Arriba, y Como es Arriba es Abajo". Ella comprueba que el hombre continúa viviendo eternamente el alguna parte, evolucionando y adelantando como el niño que entra primero al "kinder", luego a Primaria, Secundaria, Bachillerato, Universidad, etc., etc.

La Biblia enseña que Dios ordenó al hombre crecer y multiplicarse. Es auténtico. El hombre sigue creciendo, agigantándose y multiplicándose. No en el sentido de tener muchos hijos, como en la Tierra sino en un sentido que se nos hace difícil captar, aunque hay un ejemplo: La entidad llamada "El Espíritu Santo" es uno de los aspectos de Dios, que conocemos por referencia, más en contacto con la Tierra. No es masculino, como se cree. Es la parte maternal de Dios. Padre, Hijo y Espíritu es el Creador, Dios. La Madre es el Espíritu Santo, y el Hijo es Todo Hombre, todos los hombres, o sea el producto del Padre y la Madre.

Entre las atribuciones conocidas del Espíritu Santo está la muy maternal de Dar el Primer Soplo a todo recién nacido, y recibir el último soplo de moribundo. Y tú dirás: ¿Y cómo puede ser eso si mueren y nacen tantos cada minuto por todas partes?" Pues, por la multiplicación de Su Ser. Avanzando, llega a cada ser humano, angélico o elemental a multiplicar su ser y a estar en muchos al mismo tiempo.

Esta es una de las explicaciones del por qué y cómo somos hechos a imagen y semejanza del Padre quien está en todas las partes al mismo tiempo. A medida que avanzamos nos vamos pareciendo cada vez más al Padre. No importa lo feos y pequeños que parezcamos ahora. El niño recién nacido también es minúsculo y feíto hasta que pasan unos meses. El niño, desde que es concebido, hasta que camina, describe toda la evolución efectuada por la humanidad en miles de eones, pasando por la larva, pez, animal, etc.

Naturalmente, como la vida es eterna, nuestros hermanos mayores no han desaparecido. Están vivos, actuando y evolucionando en alguna parte, desempeñando cargos y oficios cósmicos, creciendo y multiplicándose. Todo ser que ha vivido y existido, todo personaje histórico, de renombre en cualquier capacidad, existe hoy en alguna parte. Por supuesto, en planos tan remontados que los hemos perdido de vista. Pero más adelante te asombrará saber de seres que tú creías de cuentos de hadas. Nombres de la mitología griega que suponía inventados por la imaginación del vulgo, o como lo dice la palabra "mito-lógicos".

El verdadero mito será en que cuando ellos dejaron la huella de sus nombres sobre el planeta no eran aún dioses. Eran personajes que se destacaron y que el vulgo los endiosó, tal como, en nuestros tiempos endiosaron a Rodolfo Valentino y a Carlos Gardel porque fueron un popularísimo actor romántico y una gran figura del tango.

Hoy en día esos seres que fueron mitológicos están tan por encima de nuestros conceptos, que para nosotros son dioses con poderes divinos. Hércules, Amazonas, Minerva, Helios, Vesta, Orión, Sonata, Tranquilino, no te asombres, existieron y siempre existen.

Las galaxias, los sistemas, las estrellas, los planetas y los soles son creaciones de creadores que en un tiempo fueron simples seres humanos como nosotros.

Algunas ediciones bíblicas dicen al comienzo "En el principio los Elohims crearon el cielo y la tierra". Otras ediciones no dicen sino: "Los dioses crearon...", etc. Elohims son seres-dioses, adelantados elementales. O sea del Reino Elemental. El término Elohim es un grado de adelanto mental. Los Maestros son grandes en energía nuclear, atómica, en Rayos lumínicos, en poder mental, y tienen gran poder, estatura y multiplicación.

Está predicho que en esta Era se unirán la Ciencia y la Religión... Se entiende que son todas las religiones y todas las ciencias. Entre éstas están muy seriamente la Astrología y la Numerología. Lo mismo que muchas cosas que aún no son consideradas "ciencias", pero la verdad se encuentra en todas partes. Todo esto es Metafísica ya que este término engloba todo lo que no es visible a los ojos carnales, desde el aire hasta el espíritu.

Para empezar, la naturaleza de la Divinidad se divide en siete aspectos mayores. Amor, Vida, Verdad, Inteligencia, Alma, Espíritu y Principio.

Cada uno de los mencionados tiene su atributo correspondiente en términos científicos, por ejemplo: El Amor, en la Ciencia, corresponde a la Atracción, Cohesión y Adhesión.

Dos o más aspectos reunidos dan un tercero, ejemplo: Amor e Inteligencia forman la Sabiduría. El amor sólo no sería sino una fuerza ciega que abrumaría por demasiado dar. La inteligencia sólo sería satánica. Se necesita la unión de las dos para equilibrar, para reinar sabiamente.

Cada uno de estos atributos tiene color, tono musical, símbolos y número. Por supuesto, todo esto es en términos generales porque luego se van complicando las cosas en progresión matemática hasta el infinito; pero todos tenemos que comenzar por algún lado y ésta es una forma muy sencilla.

Como lo saben todos los pintores, hay tres colores primarios: Azul, Amarillo y Rojo. De éstos se desprenden tres secundarios: Verde, Naranja y Morado.

En lenguaje espiritual no se dice ni rojo, ni morado ni naranja. Se les llaman Rosa, Violeta y Rubí con Oro.

Todos los colores juntos dan el blanco que se le dice "cuarto color".

El color No. 1 es el Azul. Es el color de la Voluntad Divina, de la Fe, del Poder de Dios, del Bien, la Bondad y el Equilibrio.

El No. 2 es el color de la Sabiduría y la Iluminación, o sea, el Amarillo.

El No. 3 es el Rosa, color del Amor Divino, la Belleza y la Opulencia.

El No. 4 es el Blanco, color de las Ascensión, la Resurrección y la Pureza.

El No. 5 es el verde. Color de la Verdad, la Curación, la Música y la Concentración.

El No. 6, Rubí y Oro, el número de la Paz la Providencia y la Gracia.

El No. 7, Violeta, color de la Misericordia, el Perdón y la Transmutación.

Todos estos colores salen en forma de Rayos del Sol Central. Cada Rayo tiene un Director que lo dirige con gran sabiduría.

Los Directores ascienden, se reemplazan, son oficios jerárquicos que desempeñan.

Los Directores actuales son:

Ascendido Maestro El Morya, Rayo Azul.

Ascendido Maestro Confucio, Rayo Amarillo.

Ascendida Maestra Señora Rovina, Rayo Rosa.

Ascendido Maestro Serapis Bey, Rayo Blanco.

Ascendido Maestro Hilarión, Rayo Verde.

Ascendida Maestra Señora Nada, Rayo Rubí y Oro.

Ascendido Maestro Saint Germain, Rayo Violeta.

En cada Rayo sirven también un Arcángel y un Elohim. Los Arcángeles más conocidos de los terrenos son Miguel, Rafael y Gabriel respectivamente de los Rayos Azul, Verde y Blanco.

Cada Rayo tiene legiones de ángeles y de huestes de Luz.

Cada uno de nosotros seres humanos sirve en uno de los Siete Rayos, ya que por simpatía se ha dedicado a uno o más que a otro, en nuestras numerosas encarnaciones.

Como es de suponer, y fácil de comprender, el gobierno del Cosmos es algo muy complicado y gigantesco, similar en líneas generales al gobierno de una nación, ya que "Como es Arriba es Abajo y Como es Abajo es Arriba".

Que estas Buenas Nuevas te sean gratas, hermano.

CHISPITAS DE LA VERDAD

Siempre hay en el Planeta, encarnados, seres muy iluminados que despiden vibraciones tan altas que disuelven la efluvia por donde ellos vayan pasando. Si no fuera por éstos, hace mucho tiempo que el planeta se hubiera destruido, como sucedió con la civilización Atlante, en la que la efluvia de brujería era tanta que el Continente se hundió bajo su peso. Los Atlantes aprendieron a usar los poderes divinos y los adulteraron, usándolos por egoísmo, para ejercer poderío y esclavizar a muchos. Esa es la brujería.

El "Espíritu de Navidad", esa actitud dadivosa que se despierta en los días de Pascua, es un espíritu femenino que tiene más de dos mil años. Se formó con el egregor que surgió con el nacimiento del Niño Jesús. Su nombre es María, aunque no es la Madre Virgen. Se le puede invocar para que nos invada de deseo de regalar, de alegría y devoción.

Muy cerca del cuerpo hay una aura blanca grisosa. Al concentrar la mirada cerca de la orilla del cabello en la cabeza se ve el aura blanca, angosta. Esta es la aura de salud. Cuando la persona esté saludable, el aura de salud es blanca, brillante. Cuando la salud está pobre, el aura se vuelve nublosa, gris. Algunas videntes la ven llena de pelitos blancos rígidos en las personas saludables, y tumbadas como tallos de flores marchitas en las personas enfermas.

Se puede practicar para verla y así se va desarrollando la habilidad de ver las cosas espirituales. Es la primera emanación del cuerpo. Después que se logra verla, se desarrolla la evidencia que da el captar el aura grande en colores.

No es de ninguna importancia estar ocupados en las dietas físicas en las comidas. La purificación de los vehículos interiores, con el Fuego Sagrado, pone en función la ley del equilibrio y acelerará el apetito por las cosas espirituales y todo quedará compensado, y el ropaje físico manifestará lo que hay en lo interior.

En la Era Cristiana se impusieron muchas órdenes de no comer carne, de comer pescado, de ayunos, etc. Eso ya pasó. Ahora es la purificación de lo interior lo que está en orden. Ya

ustedes conocen la importancia de los Decretos en el uso de la *Presencia Yo Soy*.

CARTA PERSONAL

PARA SUS AMADAS DISCIPULAS

Dada por CONNY MENDEZ
el 25 de julio de 1967

Amadas mías:

Por muchos canales se me está haciendo conocer la misión que tengo que cumplir. Han comenzado las revelaciones que me fueron anunciadas hace ya meses. Esta misión las incluye a todas ustedes. Quiero decir, que no consta únicamente de enseñarlas y dirigirlas a ustedes sino que ustedes tienen que formar parte del grupo, o mejor dicho, ustedes son el grupo que han de apoyarme en la misión. Mi misión es la de ustedes también y por esta razón les dirijo esta clase en forma de carta personal que quiero que cada una la tome como dicha a ella personalmente. Quiero que se saque copia, que cada una posea su copia y la relea a menudo para que no se olvide de lo que tenemos entre manos.

Primeramente voy a explicarles cómo es que se ha formado la conciencia que está rigiendo actualmente en la tierra entre los humanos. Cada familia que se forma, cada pareja que se casa y tiene hijos, se dedica a acumular una fortuna. esta fortuna la logra, si es que la logra, a costa, no sólo de trabajos y sacrificios, como de esfuerzos por ganarla, con todos los trucos modernos de viveza, pajarobravismo, cobrando de más o afincándose cada vez que puede. Cada vez que el socio o comprador, o sea, que si el pagador del momento es alguien rico, no se tiene en consideración que tiene un sin fin de obligaciones cónsonas con sus medios. "Tiene plata y puede pagar", es la consigna. A su vez, el pagador sabe que le van a cobrar de más y trata de sacar todo a mitad de precio, procurando exprimir al vendedor del momento, dando por sentado que aquél lo quiere aprovechar, sea ésta la verdad o no, no importa. "Hay que estar ojo pelao", es la otra consigna.

Allí tienen las dos consignas: "tiene plata y puede pagar, hay que sacársela" y "hay que estar ojo pelao, me lo quieren quitar". Es la conciencia de robo que impide por todas partes. Esta conciencia, como los pensamientos, se transmiten, entran y salen de las mentes y se quedan allí donde encuentran afinidades. Son recibidos por los atrasados, los de poca evolución y los impulsan al robo, al atraco y al crimen. Esa es una de las razones del hamponato vigente.

Esta tensión constante de parte y parte hace que no se pueda pensar en otra cosa. La tensión se vuelca sobre el pobre cuerpo físico que se enferma con úlceras, porque la preocupación y el cálculo perduran a través de las horas de comida; con cáncer, porque el veneno de los disgustos lo absorbe el cuerpo; y los infartos, porque no se emplea para nada el amor del corazón que es el óleo que todo lo suaviza, todo lo cura. Todo lo contrario, mientras más inteligencias y menos sentimiento, mejor es para el negocio. Podría yo continuar enumerando males causados por estas consignas, pero creo que bastan estos ejemplos.

Estas consignas y esta conciencia se extienden a través de todas las actividades de la vida. No es solamente en el negocio de compra y venta. En un hospital se atiende a un enfermo, se opera a otro, con la vista puesta en su bolsillo. El único amor que se evidencia es el del médico y el cirujano hacia la labor de sus manos. Pero no es amor puro como sería el que este médico se desvelara por sus enfermos. Por supuesto que siempre hay quien obre con amor, pero la generalidad actúa lo mejor que puede por intereses creados. El cirujano que opera lo mejor que puede por una combinación de intereses en el asunto que está operando, e interés en su prestigio, no su reputación, entiéndase, no es virtud. Poco le importa que lo tilden de ladrón aprovechador. La cosa es que digan: ¡que tronco de cirujano, no hay otro igual!, para que esta fama le permita poder cobrar lo que se le antoje sin consideraciones. El amor por su trabajo está pues empantanado por el lucro y, ¿para qué todo ese lucro? Para comprar quintas, yates, automóviles, viajes, ropa y muebles que a su vez suban el prestigio; para adquirir peroles, que se hacen obligatorios porque todo el mundo los tiene. Se pagan los más caros colegios y se visten los muchachos con la ropa más lujosa, no por amor hacia el niño, sino porque lo obliga la posición adquirida o que se desee adquirir. Este constante pugilato necesita que la mente esté todo el día ocupada en toda esa secuencia material. No se le da un instante de pensamiento a lo espiritual, a las condiciones que van a encontrarse del otro lado, como si esto no existiera, ni fuera preciso considerarlo siquiera.

Del otro lado lo que se encuentra es lo siguiente: El cuerpo físico es una esponja que chupa los excesos mentales, anímicos y sensorios. La excesiva emotividad la soportamos porque tenemos un cuerpo que absorbe. Nadie sabe que esta absorción se convierte en daño a los órganos y a la piel, que se enferman. Son los achaques constantes de todos los humanos. Después de la muerte no hay cuerpo físico que chupe y la emotividad incontrolada, mal educada, se desboca. El ser está más sensibilizado y siente todo profundamente. Oye todo lo que dicen de él los que han quedado aquí. Como éstos no saben que el que murió los está oyendo, hablan y desbarran, exageran y calumnian a su antojo. El que los escucha se desespera porque no puede debatir ni desmentir. Pide a grito volver a encarnar para quitarse la tortura y obtener el olvido que da la reencarnación, la inconsciencia de males pasados. Ese es el infierno que acabo de describir, es el purgatorio, si los males se pueden soportar hasta que hayan salido y se hayan retirado. Llega el día de la muerte y lo que interesa es que la viuda y los hijos hayan quedado bien fondeados, a prueba de miseria o de estrechez. Se considera que a los muchachos se les ha dado una buena educación porque se les enseñó a conducir en la vida con la misma serie de tácticas. Si es mujer, que se case con un chico de esas mismas condiciones. La forma de descansar la mente y los sentimientos agotados deprimidos a fuerza del clima negativo en que se circula todo el día y todos los días, es dando o asistiendo a una fiesta para levantar el ánimo a fuerza de esos que llamamos "palos". En vez de liberar karmas, que a eso se ha venido a la Tierra, se acumulan mucho más, los cuales se apelmazan sobre los anteriores ya existentes formando costras endurecidas que se llaman cristalizaciones. Estas para ser disueltas requieren terremotos, inundaciones y cataclismos en el plano en que ellas existen y esto es lo que están viendo los medium-videntes, pues los derrumbes que están ocurriendo en el plano de estas cristalizaciones se deben, primeramente, a la luz violeta que está deslizando en algunas mentes y, segundo, a que está aumentando el número de personas estudiantes de metafísica y por consiguiente, están negando defectos y afirmando virtudes, lo cual hace que esas creaciones humanas se derrumben. Esto esparce vibraciones análogas que actúan por donde quiera que ellas hacen contacto con otras iguales.

"Como es arriba es abajo, como es abajo es arriba". Si aquí son imprescindibles grandes maquinarias para desbaratar rocas y cerros a fuerza de golpes, igual cosa sucede con esas construcciones cristalizadas. Necesitan golpes para desbaratarlas, primero romperlas, segundo triturarlas y tercero limpiar y barrer el polvo. Ahora que en el plano espiritual hay una condición más que no hay en el terreno. Cada monstruosidad de esas, fabricada por nosotros, por nuestras mentes y nuestros sentimientos tienen vida, piensan, oyen y hablan. Lo que piensan y dicen siempre está relacionado con el material que se les dio en el momento de su creación. Si fue una creación de furia, de odio y venganza, en el momento en que se le liberta hacia el aire, en el momento en que se desbarata la corteza que la aprisiona en nuestro subconsciente, ella sale al aire gritando todo lo que la fabricó. Ella no se quiere ir, ése es su creador y lucha por quedarse con él. Los medium claro-audientes, los oyen y creen que son personas que los están persiguiendo. Oyen en palabras los pensamientos que ellos mismos tuvieron hacia los demás y naturalmente, como todo se devuelve, los oyen clamando contra ellos mismos. Esta, llamémosla persecución, dura un tiempo, mientras la víctima aprende a rechazarla, a negar, y a afirmar, a meditar, orar, emplear la llama violeta, etc., pero si no son metafísicos, ¿cómo lo aprenden? Al fin se retiran, yendo a parar a otras personas para quienes estos estados mentales son necesarios en su evolución. Parece que esto es un contrasentido pero no lo es. A una persona muy tímida le hace falta un reflejo de decisión y pujanza. Se le dice reflejo a la actuación de esos pensamientos ya formados y establecidos en el subconsciente. Ustedes ya saben que cada vez que se ofrece una oportunidad propicial, al subconsciente suple el reflejo necesario. Si nuestros pensamientos han sido buenos, correctos, felices, se produce un reflejo de bienestar y se manifiesta una situación feliz. Si han sido negativos se produce lo contrario. Ahora, por ley de acción y reacción, la excesiva timidez atrae su contrario, la acción abre el campo para que entre y se aloje la fuerza contraria. En este caso es un beneficio que aquella creación de violencia, que ha soltado alguien, que ya no la necesita, se vaya a alojar en la mente del tímido excesivo, porque la combinación produce un término medio. Cada condición actúa sobre la otra y produce el reflejo que le hacía falta a la persona tímida. Las personas que no son claroaudientes no oyen a sus creaciones clamando contra ellos, pero en cambio sí sienten un malestar horrible de culpabilidad, de terror, que no saben explicarse y como no saben defenderse de aquello que ellas ni ven ni oyen, sufren mucho. Les atribuyen toda clase de razones que no son exactas. Se castigan y se culpan, hablan mucho en sus estados depresivos y esto los empeora. Por esto es que se dice que los iniciados sufren mucho. pero la Providencia cuida de ellos y encuentran quienes les enseñan estas cosas, encuentran maestros y a su Cristo. Son iniciados, ya conocen el camino y la forma de actuar. Yo ahora les estoy enseñando para que cuando ustedes se enfrenten a estos estados de conciencia antiguos, de ustedes mismas, sepan a qué atenerse y sepan catalogarlos, sobre todo, que sepan transmutarlos, disolverlos con las luces.

Ahora les diré que por eso hay que preparar al discípulo para que reciba la enseñanza de las luces, porque esta enseñanza es muy potente. Algunos comienzan a limpiarse demasiado rápido y todavía no saben lo que les estoy diciendo hoy. Algunos tienen una reacción fuerte. Esos bajones son estados de conciencia viejos, ya superados. Superados se les llama, cuando uno se ha limpiado de ellos, es decir, que han salido de sus cavidades. Ya lo saben mientras están afuera y recién salidos, embroman mucho. Simplemente hay que decirles: "Retírense en paz, me están molestando y no los necesito más" y apliquenles la llama violeta. Ahora que cada vez que se menciona aquel estado de conciencia del pasado, ustedes saben que el pasado se regresa al presente, los estados de conciencia de aquel momento salen de sus nuevas cavidades y se presentan para ver si tú aún los necesitas, pues siempre prefieren su nido anterior a la nueva casa, hasta que se dan cuenta de que en realidad están mucho mejor allí porque se sienten importantes, necesarios, son nuevos y se enseñorean por ser superiores al ambiente. "Como es arriba es abajo, como es abajo es arriba". Después que tienen un tiempo habitando su nuevo ambiente, ya uno puede recordar y hasta hablar de un suceso pasado, sin que salgan a presentarse esos viejos fantasmas.

Y bien, se me ha comunicado un conocimiento muy importante. Y es que la Conciencia Crística, o sea, el Ser Crístico de todos los humanos, El Cristo, en una palabra, en un cuerpo, es una conciencia. Ya saben lo que les enseñé, que "las conciencias" tienen vida e inteligencia. La Conciencia Crística o El Cristo nuestro, existe porque en el comienzo de nuestra creación por el Creador, lo que funcionaba en nosotros era esa Conciencia pura y bella. Ella ha quedado en las altas esferas, esperando que nosotros lleguemos a reunirnos con ella. Se llama "El Cristo" y todos estos Cristos se dirigieron al Tribunal Kármico que está compuesto por siete entidades de sabiduría y le pidieron permiso para hacer presión en cada uno de nosotros, limpiándonos de todas las cristalizaciones para poder evolucionar rápidamente, quitando y barriendo del mundo todo lo negativo y estableciendo el Reino de los Cielos en la Tierra lo más pronto posible, pues La Tierra está en un peligro grande de destruirse por falta de luz, como ustedes ya saben. La Tierra está, en lo que llaman los Maestros, un estado recalcitrante y es que los humanos no hacen caso, no quieren cambiar, por más que hacen nuestros Cristos están sufriendo, cosa insólita, como ustedes comprenderán. Ese es un estado de caos universal que amenaza. El Tribunal Kármico primero dio permiso para que 2.000 Cristos hicieran la prueba. Somos diez millones de seres humanos entre encarnados y no encarnados, y solamente tres mil millones están encarnados a la vez en la tierra. La prueba dio resultado y el permiso fue aumentado a 20.000, luego a un millón y luego a diez millones.

El motivo por el cual no se pudo dar el permiso a todos los Cristos al mismo tiempo es el siguiente: Si toda la humanidad irrumpe de pronto en una sed devoradora de bien y de actuación correcta y justa en el actual estado de ignorancia en que se encuentra, respecto a las leyes inmutables de Mentalismo, Correspondencia, Vibración, Polaridad, Ritmo, Causa y Efecto y Generación, los pobres, desesperados por saber cómo comportarse, viendo los efectos devastadores de sus actos, sin podérselos explicar, no encontrarían a nadie a quien acudir, para que los instruyera, y se volverían locos, se suicidarían, etc. Primero habrá que preparar a los pastores, a los instructores y directores espirituales en todos los países. Ustedes son los futuros Pastores que me apoyarán y que podrán explicarles, consolando a todos aquéllos que van a venir a nosotros buscando auxilio en sus angustias, porque angustias horribles van a sentir todos aquéllos que de pronto serán limpiados de siglos de suciedades, por sus Cristos. Suciedades que los atormentarán día y noche. Todas las noches pídanles a sus Cristos que las lleven durante el sueño a los Templos de Instrucción de las Luces, en especial al Templo de la Luz Violeta, pues el Maestro Saint Germain dice que está dispuesto a repetir, cuantas veces sea necesario, la instrucción respecto a la Llama Violeta que será milagrosa contra los males de la Era.

Terminaré esta carta con las palabras del Lord Divino, quien era Instructor Mundial antes de que ocuparan ese oficio Jesús de Nazaret y Kuthumi juntos. Dice así:

"En el nombre de mi propia vida y por el poder del ímpetu de mis miles de centurias oficiando, Yo cargo vuestros mundos sensorios con la convicción de que sus Cristos, son seres vivientes, inteligentes, más interesados en vosotros mismos, ya que os han dado el aliento y os han sostenido durante millones de años con la esperanza de ver la oportunidad de exteriorizar vuestro Plan Divino ¿No queréis aceptar esto y permitir que este Dios a través de ustedes cumpla su propio patrón de perfección, su maestría y dignidad, su equilibrio y belleza, su armonía y libertad?".

EL DIARIO VIVIR

Yo Soy la Ley del Patrón y la Llama Violeta transmutadora de toda acción no armoniosa y toda creación humana desde ahora para atrás hasta el momento de mi individualización.

Yo Soy aquí **Yo Soy** allí y yo estoy ahí en toda la Humanidad de manera que todo lo que yo diga de ahora en adelante incluye a todo ser humano.

Yo Soy la presencia del Dios Todopoderoso que mantiene el Fuego Violeta ardiendo en todo mi ser y todo mi mundo, y me mantiene sellada en un Pilar de Fuego Violeta que transmuta al instante toda creación humana, en, a través, en contorno, presionando contra mí que regrese buscando redención o que yo contacte en cualquier forma.

Mi Amada Presencia transmuta toda imperfección que yo pueda haber creado y con la autoridad de **Yo Soy** me repone toda la fuerza y la perfección que yo deseo.

Yo Soy La Magna Energía Electrónica que fluye, que llena que renueva, cada célula de mi mente y de mi cuerpo ahora mismo. En el nombre, por el poder y la autoridad de la Amada Presencia y del tres veces tres.

Yo Soy la Resurrección y la Vida de toda la perfección en mi corriente de vida.

- de mi eterna juventud y belleza.
- de mi agilidad y frescura.
- de mi perfecta visión y oído.
- de mi perfecta salud.
- de mi fuerza y energía ilimitadas.
- de mi dentadura perfecta, de mi piel, de mi estructura ósea.

- de mi perfecta simetría.
- de mi fondo ilimitado de dinero.
- de todo lo perfecto en mi mundo y de mi vida.
- de todas las facultades de mi cuerpo causal.
- de mi Plan Divino cumplido ya.

Yo pido ser protegido contra todas las intromisiones que por necesidad atravieso, estoy envuelto en mi círculo electrónico eternamente sostenida, porque **Yo Soy** el Fuego Sagrado.

Todo lo que se me acerca es ahora y siempre, transmutado en mi aura, porque yo no estoy aquí para cumplir un lapso karmático; yo estoy aquí para irradiar y permanezco intocado por toda vibración menor.

Yo Soy mansa y humilde de corazón.
Yo Soy el Amor Divino, la Inteligencia Divina, el Poder Divino, el Equilibrio y el Aliento Divino.
Yo Soy la riqueza, la elegancia, la alegría, la felicidad.
Yo Soy el cuerpo de CRISTO.
Yo Soy la Triada.
Yo Soy todas las nobles facultades, talentos y virtudes.
Yo Soy la pureza inmaculada que mantiene impecable mi cuerpo, mi ropa, mi hogar, mi conciencia y mi mundo.
Yo Soy el camino, la verdad y la vida.
Yo Soy la puerta abierta que nadie puede cerrar.
Yo Soy todo lo perfecto contenido en mí.
Yo Soy el único Poder contenido en mí, la única Presencia, la única Armonía.
Yo Soy la Presencia Guardiana que nada ni nadie puede afectar, asustar, ni desagradar.
Yo Soy *Dios en acción.*
Todo esto lo reconozco y pido para todos mis hermanos huma-

¡Gracias Padre! que me has oído!.

HABLA CONNY MENDEZ

En vista de la llamada que nos hace el Amado Avatar Acuarius (Ascendido Maestro Saint Germain) Conny Méndez nos ha preparado una lista de Decretos para ser usados diariamente, tres veces: al despertar por la mañana, a mediodía y al acostarse por la noche. Hay que dedicar estos diez minutos cada vez para contribuir a la salvación de nuestro planeta. Dice Conny:

"Tú has sentido y escuchado el latido de tu corazón ¿Verdad? Tú conoces el gran secreto del Atomo Permanente dentro del corazón ¿Verdad? Tú sabes que dentro de ese atomo están las tres llamitas conocidas con el nombre de Llama Triple. Tú sabes que cuando alguien se le ocurre bendecir ese Atomo, se rompe la capsulita en que están encerradas las tres llamitas y ellas surgen. Estén o no estén despiertas estas tres llamitas, tú debes saber que los latidos del corazón comprueban que la persona está viva. De manera que ese movimiento o latido significa *Vida* ¿Cómo llamamos los Metafísicos a esa *Vida*. *Dios*. *Dios es la Vida*. *La vida es Dios*. De modo que hasta los ateos saben que lo que hace latir el corazón es *Vida*.

Nosotros sabemos que con cada latido del corazón nos entran toneladas de energía, energía pura. O sea, *Vida*, *Verdad*, *Amor*, *Inteligencia*, *Poder*, *Fuerza*, *Salud* y cantidades de virtudes como la Justicia y la Consideración, Paciencia, la Fe, es decir, *Todas las virtudes*, ya que todas derivan de las Tres Grandes: Amor, Inteligencia y Voluntad (o Poder) que son la Llama Triple y sabemos que todo eso es DIOS, o sea, la AMADA Y MAGNA PRESENCIA DE DIOS, dentro de nosotros.

Bien, ¿De dónde vienen esos latidos, o sea, toneladas de energía? De arriba, de la Presencia que las hace bajar por el Cordón de Plata, entrando por el Chakra Coronal hasta el corazón. Todo esto es a manera de recordatorio para entrar en materia.

EL SECRETO DEL DOMINIO Y DE LA MAESTRIA

Bien, ahora toma el Secreto del Dominio y la Maestría: Cada vez que tú veas u oigas o sepas de algún defecto ajeno, bien sea algo que te moleste, te choque o se comente frente a ti, que lo leas en los diarios, que ocurra ante tus ojos, etc. en lugar de comentarlo, en lugar de repetirlo, en lugar de pensarlo una y otra vez, *Aquiétate un momento y piensa en el corazón* de la persona o de las personas involucradas. Recuerda los latidos de su corazón. Es importante que permanezcas quieto y en esa contemplación por unos momentos. No dejes de recordar que su corazón está latiendo idénticamente y al mismo tiempo que el tuyo. Lo que va a ocurrir primeramente es que te vas a sentir tranquilo. Tal vez te darán deseos de suspirar ¿Sabes lo que está ocurriendo? Pues ha ocurrido un milagro maravilloso. Tu corazón y el de la otra persona se han sincronizado, se han puesto a latir juntos, conjunta y voluntariamente, a pesar de que ese otro no sepa nada de lo que tú estás haciendo. Te diré. Tal como dice el Maestro Saint Germain "allí donde está tu atención, allí estás tú". En aquello te conviertes ¿Lo recuerdas? Pues has entrado en el corazón de aquel hermano y como tú eres el más espiritual o adelantado, con tu vibración superior has dominado su vibración menor. Lo has puesto a latir al ritmo tuyo. Si pudieras ver lo que ha ocurrido en su vida y en su alma, verías que lo has puesto en paz, le has borrado su mal humor, lo has vuelto dulce, bien dispuesto; y como tú sabes, en ese estado de ánimo es como pueden bajar los dones de la *Presencia*, las manifestaciones positivas, entonces, la recreación del Cristo se hace instantánea porque la propia persona ha dado tiempo para que Su Cristo pueda oír y responder. Es decir que tú, al obedecer al Salmo 46 que dice: "Aquietaos... y sabed que Yo Soy Dios", has puesto en práctica lo que dice el Salmo y has devengado el resultado que promete.

"Aunque tiemble la tierra...aunque conmueva el seno del mar... aunque se espumen y agiten las olas... aunque retiemblen los montes a su empuje... túrbense las naciones... vacilen los reinos... no temeremos porque en medio está Dios".

¿Te diste cuenta de que el Salmo describe precisamente cataclismos terrenos y marítimos y guerra? ¿Te diste cuenta de que describe lo que estamos estudiando aquí? *¿Que es instantánea la acción de Dios en el santuario en donde mora el Altísmo?* ¿Cómo lo hace? Dice que "un río con sus brazos alegra la Ciudad de Dios, el Santuario donde mora el Altísimo". Tú sabes que el Lugar Secreto del Altísimo, es la Conciencia del **Yo Soy**. Hoy hemos nombrado ese río. "La Corriente Positiva". Es la corriente que tú estableces desde tu pensamiento y tu corazón hasta el corazón del hermano a quien estás tratando. Es como te he dicho, instantáneo.

Por ejemplo, voy a decirte que es allí donde dice el Maestro Saint Germain que tenemos que actuar rápidamente en las emergencias y cambios repentinos, que tenemos que estar atentos y alertas para poder atender la emergencia de inmediato, y demostrar nuestra buena voluntad de ponernos a sus órdenes reuniéndonos inmediatamente para entrar en contacto y actuar dinámicamente; si vamos a actuar así no podemos perder el tiempo en largas meditaciones. El Maestro dice que entretanto el Cristo y la Amada Presencia están esperando mano sobre mano a que tú termines para comenzar a actuar. De modo que aquí les doy varios decretos cortos, dinámicos, potentísimos, que actuarán en seguida, con la velocidad del rayo. Debes usarlos tres veces diarias, por la mañana al levantarse, al mediodía y por la noche al acostarse. Llévalos siempre contigo, por si te vas en una emergencia y tienes que actuar rápidamente, trata de memorizarlos, para que no dependas de ningún papel o libreta, pero esté listo, alerta, para entrar en acción cuando sea necesario.

Empieza limpiándote con el tratamiento de tratamientos:

Yo Soy la radiante, brillante, Presencia de Dios sin limitación, sin tiempo ni edad, sin impureza y sin imperfección. "YO SOY" el océano de Luz purísima donde tiene su vida todo lo que contacte mi ser.

2º. paso: Piensa en el corazón de toda la humanidad, en sus latidos y siente que esos corazones se hacen Uno con el tuyo. Di:

Yo Soy *aquí,* **Yo Soy** *allá, "***Yo Soy** *el Poder, la Inteligencia y el Amor Divino. Amada presencia, te invoco a la acción.*

*El Poder de mi Presencia "***Yo Soy** *es una sustancia autoluminosa que irradia en todas direcciones al yo invocarla.*

Si algo ocurre que te perturba:

"Invoco el Poder de mi Presencia **"Yo Soy** *para que me dé el autodominio* **Yo Soy** *el aplomo que controla todo".*
Yo Soy *la única Presencia, el único Poder aquí.*

No vaciles en invocar la Presencia a la acción, en otros:

Yo Soy *el Maestro Interior que gobierna y controla todos mi procesos mentales en perfección Crística.*
Yo Soy *la presencia Positiva, la Corriente Pasiva, la Acción Positiva, en todas partes.*

Contra todo impulso negativo:

"Yo te borro al instante, yo te quito todo poder, tú no puedes afectarme ni a mí ni a mi ambiente". Yo ordeno a través de mi Amada Presencia que esta situación sea ajustada y que se manifiesten el orden y la armonía.

Donde quiera que yo me encuentre, mi Presencia en el Universo es un constante brotar y emanar de Luz, Vida, Verdad y Liberación, hacia todo lo que yo contacte.

Yo Soy *la imagen y semejanza de Dios. "Yo Soy la perfección y califico mi mente, mi cuerpo y mi mundo, con perfección.*
Aquí estoy Amada Presencia, úsame hoy, en Tu Nombre, por Tu Poder y Autoridad.
Amada Presencia, localiza en donde quiera que se encuentren a aquellos seres o animales a quienes yo haya podido dañar en cualesquiera de mis vidas pasadas y transmuta todo daño, récord y memoria con la Llama Violeta consumidora.

Yo le quito poder a todo lo que no sea mi Amada Presencia. A ella le doy el único poder de actuar en mí.

Yo Soy *todo en todo al decir la fórmula "Yo Soy".*

Yo Soy *está en todas las cosas y este reconocimiento hasta armonizar totalmente todo, especialmente esta apariencia.*

Yo Soy *la Ley del Perdón y la Llama Violeta transmutadora que consume toda la energía mal usada por mí, desde mi individualización. Uno mi corazón al latido del Corazón Universal.*

En el nombre de mi Amada Presencia "Yo Soy por el Poder y la Autoridad que me confiere yo desbarato esto. (O sea, cualquier apariencia negativa).

MENSAJE

No nos ha sido revelado cuándo ni dónde ocurrió el Concilio de Maestros que vamos a relatar. Sólo sabemos que fue en los Montes Himalayas, que una Entidad Cósmica superior a los Maestros dio las pautas, y que tenemos algunas de sus palabras.

Primeramente dio el permiso para enseñar la Ley del "Uno con Dios es la Mayoría" Dijo además: Un solo hombre, o una sola mujer plenamente conscientes de esas máximas, y centrados en su Divinidad, radiando en plenitud, puede salvar al mundo. De allí ordeno formar grupitos hasta el número de doce, que las radiaciones que emanara el grupo atraerían a otros sin que hubiera que pronunciar una sola palabra. Así se iría formando una multitud y en cada doce grupos se formaría el décimo tercero que sería la piedra angular o corona, que cierra la pirámide. Es la pirámide simbólica del ideal crístico en el hombre, o sea su formación completa

Al consolidarse los doce grupos en uno solo, junto con su décimo tercer grupo, una persona de cada uno de los doce grupos sale para asistir a formar otros doce grupos. Multiplicando esta formación por doce, da el número 144 mencionado por *El Apocalipsis*. No habrá que esforzarse en efectuarlo. Todo es matemático y automático, por ordenanza superior. Cuantas más personas se vayan añadiendo, se vuelven a esparcir y reunir en grupos de doce. Así se va formando la Gran Pirámide que, por orden de doce, rodeará toda la Tierra.

No se dieron órdenes de formar organización definida ni de imponer reglas fijas. Cada discípulo que recibe la radiación se organiza él mismo interiormente y es atraído por uno de los grupos.

Esto es lo que ha ocurrido y continúa ocurriendo con la Hermandad Saint Germain y la Enseñanza Metafísica con sus Tres Ciclos de aprendizaje. No poseemos dogmas ni reglas fijas. No tenemos organización exterior en forma de sede, local, etc.; por lo tanto no existen complicaciones de salarios pagos ni trámites comerciales que suelen convertirlo todo en un negocio.

El único requisito para formar parte de estos grupos es el de representarse a uno mismo el ideal crístico, en los principiantes; la

Amada Presencia *Yo Soy*, en los de Segundo Ciclo, pues estas dos formas representan una misma Verdad. Luego darlo, enseñarlo y difundirlo al mundo en pensamientos, palabras y acciones. La Hermandad comienza a darlo en el Capítulo Tercero del librito No. 1 (*Metafísica al Alcance de Todos*), titulado "La Fórmula Infalible", y al inicio del Segundo Ciclo, en el Librito Nº 3 (*El Maravilloso Número 7*), Capítulo 5, titulado "Los Siete Rayos", se entra en la descripción del *Yo Superior*, en términos más avanzados.

La gran Entidad Cósmica que ordenó todo lo anterior añadió: Así se va uniendo al gran grupo, y cada miembro que eleve su mente al Cristo sea en su casa, en la calle, en su santuario, o en el último rincón de la Tierra, será Uno con Dios, y todos los hermanos *Uno* con él, pues el Cristo, o la Amada Presencia, o el *Yo Soy*, con el factor determinante que hacen que el cuerpo responda a las vibraciones crísticas. Por Ley del Ritmo, estas vibraciones se esparcen a todo el globo terráqueo, se multiplican, y la influencia es llevada en una gran marea de pensamientos.

La razón por la cual esta enseñanza permanecía recluida hasta ahora es porque la Era de Piscis era negativa, material; pero ahora será mundialmente conocida. No es pues preciso, formar secta, ni local, ni organización propiamente dicha, **sólo lo que obligue el Orden y la Armonía de los Grupos.**

Con esta unión, las fuerzas negativas, siniestras, espiritistas, astrales, psíquicas, *No Pueden*. La Magia Negra *No Puede*. Y poco a poco se irán trasmutando las rebeldías y los rebeldes. No pueden las creaciones humanas estar por encima, ni siquiera coexistir. No es necesario usar fuerzas contra el mal que emanan las vibraciones inferiores. Con una sola voz que diga ¡No!, se impondrá el orden, ya que todos están unidos y responden en unión.

Ante cualquier influencia negativa, nefasta, nacional, mundial, universal o simplemente personal o ambiental, todo lo que hay que hacer es declarar mental y verbalmente: "Por el Poder del Cristo en mí me dirijo al Cristo en ti y le recuerdo que tú eres Orden Divino, o Inteligencia, o Vida, o Provisión. (Hay que mencionar la Verdad espiritual del caso o condición, sin recordar para nada la apariencia negativa que se esté manifestando). Hermano: concentro todas las vibraciones negativas por que tú hayas producido y envolviéndolas en amor, telas devuelvo con mi bendición".

No tendrás que levantar un dedo. No tendrás que pronunciar

otra palabra, y será mejor que no comentes el caso con ninguna persona. Verás desaparecer toda señal de lo ocurrido, pues si acaso el culpable se le ocurre resistir tu envio de amor, se destruirá él mismo. Pero sabrás que *Esto no será responsabilidad tuya, es la ley de Dios actuando.*

NOTICIAS MARAVILLOSAS PROVENIENTES DEL MAHA CHOHAN EN SU CARTA SEMANAL.

"El ser humano, no importa cuan débil sea, no importa cuan limitado se encuentre, no importa cuan atrasado se sienta posee lo que llamamos el *Poder de invocación*. Esto significa que al enfocar la atención en algún Ser Espiritual, bien sea Maestro Ascendido, Entidad Luminosa o Dios mismo en cualquiera de sus representaciones, logra instantáneamente que la Entidad se traslade a su lado con todo Su Momentum Cósmico (que siempre es mucho más amplio que la Tierra), y lo grande es que atiende a la Invocación aunque se encuentre en el punto más lejano del Universo interestelar, como dice Saint Germain "aunque yo esté fabricando una estrella". Además permanecerá irradiando todo el tiempo que se le necesite.

Aquellos *chelas* que encuentren muy difícil arrodillarse mentalmente ante su Cristo Interior, que usen el Poder de Invocación con la atención centrada en su idea personal de Dios. Esto los ayudará a desarrollar la Conciencia Crística. Muchos creen que ésta se desarrolla por medio de la fuerza de voluntad. No es verdad. Esta no sirve sino para mantener fija la atención en Dios. Te repito el consejo: Suéltalo todo y déjaselo a Dios.

Segunda Noticia Maravillosa.- Creo que ustedes ya saben que dos veces por año, en junio y en diciembre, se reúne la Gran Hermandad Blanca en un Cónclave que tiene lugar en el Royal Teton. También se les permite la entrada a todos aquellos discípulos que colaboran conscientemente con la Hueste Ascendida de Luz. Estos tienen permiso de exponer toda idea, diseño, plan, inspiración que trate del Bien para la Raza Humana. Todo esto debe ser de naturaleza impersonal. Muchos son escuchados y aceptados y se les presta toda la ayuda que necesiten para llevar a la práctica su idea.

El último Cónclave tuvo lugar el día 30 de junio pasado, y unos días antes, el 22 de junio, el Maestro Lanto anunció el regreso del Maestro Saint Germain, de su retiro en el Gran Silencio. Dijo que se encontraba en el Gran Teton para asistir al Cónclave y que después de la Conferencia de julio en el Puente de la Liberación en Long Island (Shamballa Físico), se revelaría todo lo que nuestro Amado Maestro había logrado en el Gran Silencio.

La carta del día 6 de julio pasado nos trae a la Hermandad Saint Germain un párrafo que nos llena de satisfacción. Dice así: "Los buscadores de la Verdad Espiritual en el Planeta Tierra, que ingresan en uno u otro grupo de enseñanza, cuando logran conectarse con los que estén enseñando la existencia de los Maestros Ascendidos y sobre todo la Causa Universal *Yo Soy* (*I Am*), han dado el gran paso que los separa de los Buscadores para entrar en el escalón de los *Elegidos*, o sea de los que *Ya encontraron*. Este es el proceso seguido por los Grandes Maestros.

(Como verán, esto nos garantiza que nosotros estamos en el verdadero Sendero que nos lleva a la meta que buscan todas las Sectas: Hacer contacto con nuestro Dios Interno y su Corte de Grandes Entidades Luminosas.

La mayoría sólo logra presentarle a sus seguidores un ser actual, dizque representante de Dios en la Tierra, y un rito de adoración a su humanidad. No se dejen embaucar por estas prácticas que retardan y retrogradan. Todo eso es arcaico y obsoleto).

La Tercera Noticia Maravillosa es de una oportunidad que, naturalmente, no es casualidad sino causalidad. Vino en la carta del día 27 de julio, como para corroborar el Mensaje que recibí y del que hablé en seis diferentes Agrupaciones Metafísicas a propósito del Plano recibido por los Contactos de los Extraterrestres. Claro está que ellos sí recibieron el Mensaje que repartieron, pero está mal interpretado. El Mensaje mandaba a que todo el que pudiera, se fuera para el Territorio Amazonas para liberarse de los "cataclismos" que ellos esperan que ocurran, por ejemplo, en Caracas. Yo las tranquilicé explicando que no los estaban enviando a ningún territorio en la Tierra. Que lo que recomendaban era invocar a la Diosa Amazonas. Complemento Divino del Elohim Hércules, de la Llama Azul, Representantes de la Voluntad y Protección Divina, y ofrecí como comprobación las promesas dadas en el Salmo 91. Ahora verán.

La Diosa Amazonas Complemento del Elohim Hércules dice que la forma mental para la Sesión a que se refiere, es un Puente de Luz conectando el Shamballa Físico que el Shamballa Etérico, y que encima brilla un letrero que dice "*La verdad es*", lo cual ella explica: "Cuando la Verdad se nos presenta nublada por la conciencia humana, afirmen lo que dice el letrero: "*La verdad es*", y verán la Verdad manifestarse porque es Esencia de Dios y lo están invocando. Inmediatamente ella añade "*Mis preciosos hijos de la tierra: vengo a decirles que el hecho de que yo sea complemento de Hércules, ser de fuerza, fuego y poder, no quita que también soy un ser de amor,* y que yo no vengo a esta atmósfera para darles palabras de fuego. Yo estoy aquí como amiga de ustedes. Ya que el Cielo se encuentra dentro de ustedes, yo estoy en el corazón vuestro, si es que me quieren aceptar".

Respecto al "transplante" al Territorio Amazonas.- Es natural que malinterpreten el mensaje ya que en esa dimensión donde reciben los mensajes no conocen ni remotamente la existencia de los Ascendidos Maestros, los Elohims, sus Complementos ni Llamas Gemelas, cuando ni siquiera tienen noticias de existencia de la Llama Triple ni la Llama Violeta, Llama Azul, Dorada, Rosa, Llama Blanca, Verde, Oro-Rubí ni de los Directores. Todo esto es estrictamente de la Sexta Dimensión, que precisamente ellos confiesan desconocer.

La Cuarta Noticia Maravillosa la dio la Diosa Amazonas seguidamente: "La semana pasada en el Royal Teton, el Maestro Saint Germain fue convocado por el Tribunal Kármático a su regreso del Gran Silencio, y en la persona Augusta de Kuan Yin, en toda su Majestad, Dignidad y Amor, le fue concedida una petición que trajo del Gran Silencio: ". . ." Saint Germain, Hijo de Dios, -dijo Kuan Yin- te hemos concedido una dispensación que hinchará de gozo tu bendito corazón". Sabes que hasta ahora todo poquito de energía concedida los chelas tenía que ser completa y equilibrada por nosotros los de la Hueste Espiritual. Esa era la Ley kármica. Esa Ley ha sido puesta de lado y toda energía que los chelas del Puente a la Liberación quieran donar será **duplicada.** ¡Saben ustedes lo que hizo Amado Saint Germain! ¡Cayó de rodillas para dar las gracias! Dense cuenta de que nosotros en estas regiones éramos responsables por todo lo que ustedes pidieran y teníamos que hacer el balance nosotros. Ahora cada vez que ustedes hacen un decreto, sea para asuntos personales o en pro de la humanidad, recibirán el doble de la energía que ustedes expiden ¡Cuánto amamos nosotros a ese Maestro! Ahora prueben ustedes cuánto lo aman. Lancen la energía de ustedes en pro de la redención de esta "Dulce Tierra", como la llama el Maestro Saint Germain, bien sea en decretos, en plegaria o en oración silenciosa, y recibirán el doble de la energía empleada. Esto acelerará la Era de Oro y volverán al Planeta Tierra a su original Perfección.

Espero hermanitos y hermanitas que esto aclarará totalmente "La verdad que *ES*" respecto a los "cataclismos", la supuesta destrucción de esta Dulce Tierra, que ahora está más preparada que nunca para ser redimida y regenerada, y nunca destruida.

Que todo lo que hay que hacer es pensar en aquel que escojamos. Mirar su lámina o retrato, leer sus palabras o mensajes y, mentalmente, contemplar o visualizarlos. Yo agrego que hay que conversar con ellos y que hay que invocarlos tal y como hacemos en la Tierra cuando llamamos a alguien por teléfono, pues como es abajo es arriba. "Hola, Amado Maestro Saint Germain, cómo estás? Ven a hacerme una visitica" etc., etc. Dense cuenta de que aquel es un mundo puramente mental. No hay sino vibraciones, aunque Ellos dicen que se ven unos a otros sólidos como nosotros nos vemos. Los pensamientos tienen color y formas geométricas, como los copos de nieve. Anni Besant tiene un libro que los enseña. Se llama *Formas de Pensamientos*.

Cuando se mira la efigie de un maestro en alguna lámina, sale un rayo del corazón y la mente del que lo miró, hacia aquel maestro o entidad, o sea hacia el reino de actividad del personaje. El Maha Choan dice textualmente que el concentrar la mente en un maestro en la forma descrita, es entonar la vibración con la de El, y de hecho se entra en la conciencia del Maestro y se comienza a absorber su Experiencia, Su Luz, Su Sabiduría, Su verdad. Es la realización de la afirmación *"Yo soy aquí, yo soy aquí"*

Vamos a hacer conciencia de esto. Comenzando por la afirmación, que no nos puede fallar ya que está basada en **Yo Soy**, pongamos primero la lámina de la Presencia frente a nuestros ojos. Pongamos más abajo el retrato del Maestro o Entidad que deseamos contactar. Ahora pensemos en Su Llama Triple, en Su corazón y repitamos al mismo momento *Yo soy aquí, yo soy aquí*. A voluntad se puede leer alguna práctica o mensaje de la Entidad para aumentar las vibraciones apropiadas.

No es que todo esto sea necesario. Es conveniente nada más. Porque es tan instantánea la contactación que, a los **mediums** les sucede que en cuanto piensan en una persona que no está encarnada, se les presenta. Yo lo pude comprobar a cada instante cuando Coromoto estaba conmigo. No solamente las personas desencarnadas. Una vez me puse a hablarle de mi hijo que vive en Miami y me dijo ella "Aquí está presente". No sé si él estaría dormido en ese momento, pero no lo creo. Era en horas de trabajo. Nuestro Doble Etérico como que se desdobla y acude a donde lo están nombrando. ¿Cuántas veces se siente uno un poco ausente, o se adormece, o que pierde el contacto con lo que tiene presente? A mí me ha ocurrido mucho. Dos ejemplos: con Nenena y en el matrimonio de Mary; en el primero me di cuenta yo, en el segundo lo supieron los demás.

Si haces este ejercicio escogiendo el momento en que no se te interrumpa, creo que verás, oirás y sentirás algo maravilloso.

De extraordinaria importancia también es el ejercicio que a continuación te daré, recomendado por el Maha Choan. Te darás cuenta cuando te diga que El comienza su enseñanza con estas palabras: "La mayoría de los discípulos son prisioneros dentro de sus propios cuerpos..., no es posible decirles con demasiado énfasis que para libertarse del cuerpo y, sobre todo, libertarse de las emanaciones mentales de los demás, no hay, como traspasar la conciencia a la *Presencia*. Es ponerse íntegramente en la Presencia".

Cuanto más hagas esto, más te liberas de tus vehículos inferiores y te conviertes en *Tu Presencia*, o sea, *Cristo en acción*. Verás.

Al principio, como el estudiante no tiene ni una vaga idea de cómo **siente** la Presencia, o sea, **cómo siente Dios Mismo,** hay que pedirle a algunos Maestros que nos impregne del sentir de la *Presencia* (Yo agrego aquí algo que encontré en los escritos de Jorge Adoum: *Yo Soy el sentir divino en mi cuerpo y en mi alma*). Y a propósito, me comenzó una picazón en la palma de la mano izquierda, tan intensa, que tuve que interrumpir mi trabajo como suelo sucederme, para tomar el lápiz y recibir lo que se me esté enviando en esa forma. Vino lo siguiente *"Amanece. Se irá descifrando y divulgando el sentir divino inmensamente rico. Enseguida se te comunica".*

Lo más importante en nuestra vida es tener la conciencia conectada con el plano espiritual. Que a la menor provocación pensemos en la Presencia. Repito: *Que a la menor provocación en el plano humano, terrenal, llevemos nuestro pensamiento a la presencia.* Ella irá imponiéndose entonces. Me lo acaban de decir. El Sentir Divino inmensamente rico, o sea, rico en toda la Sustancia Divina, todos los tesoros del Reino, todo lo que nos pertenece como Hijos de Dios que somos. Todos los recursos traten por todos los medios de *Vivir* en el Plano Espiritual. Cuantas veces puedan *Visualícense* metidos en el centro de la figura de la Lámina (señálalo). Háganlo ya para que capten lo que quiero decir (Pónganse a hacer el ejercicio de imaginarse en otra parte).

El Maha Choan termina diciendo: *"Esto debe repetirlo y repetirlo el estudiante ya que de esta manera se le van entregando a la presencia los vehículos inferiores, y desconectándose el individuo de la acción vibratoria de las masas del planeta, cuando tus cuerpos inferiores se hayan hecho propiedad de la presencia, tú serás definitivamente el Cristo en acción. En todo momento..."*

Como ves, me parece lo más importante en nuestras vidas. Personalmente les diré (y disculpen la alusión personal) que desde que yo he aumentado mi estancia consciente con mi PRESENCIA, me encuentro en una constante paz muy especial. Nada de lo exterior me afecta. Como quien dice "Estoy viendo los toros de lejos" y puedo trabajar por lo demás con gran claridad mental sin que se me devuelvan las ondas ajenas.

EL GRAN SECRETO METAFISICO DE LA FELICIDAD

Parecería que esta receta fuera difícil de poner en práctica, pero no es cierto. Basta con ensayarla una sola vez para que no se vuelva a olvidar. Ahora, antes de comenzar a poner en práctica los puntos enumerados, hay que hacer el siguiente Decreto:

CON UNA SOLA VEZ QUE YO ENSAYE LO QUE AQUI DIGO, NO SE ME VOLVERA A OLVIDAR JAMAS

1.- YO no hablo, ni permito que se me hable nada contrario a la perfecta salud, la felicidad y la prosperidad.

2.- YO le hago sentir a todo ser viviente que lo considero valioso.

3.- YO le busco el lado bueno a todo lo que se me ocurre, y a todo lo que veo ocurrir a otros.

4.- YO pienso en todo lo mejor. Espero todo lo mejor. Trabajo únicamente por lo mejor.

5.- YO siento igual entusiasmo por lo bueno que le ocurre a otro, que por lo que me ocurre a mí.

6.- YO olvido mis errores del pasado y sigo adelante a mayores triunfos.

7.- YO llevo una expresión agradable en todo momento, y sonrío todo ser que contacto.

8.- YO no tengo tiempo para criticar a los demás, ya que paso tanto tiempo mejorándome.

9.- YO me hago tan fuerte que nada puede perturbar la paz de mi mente.

10.- YO SOY demasiado grande para preocuparme. Demasiado noble para enfurecerme. Demasiado fuerte para temer. Demasiado feliz para permitir la presencia de algo negativo.

CARTA AL GRUPO DE INSTRUCTORES

Anoche, al preguntarme unas de mis "guías" que a qué llamo yo "ungirse antes de una charla, clase o conferencia", ofrecí explicarlo luego, pero se interpusieron varios temas y pasó el tiempo. Ahora, como considero la pregunta de gran relieve, se los explico por escrito ya que así podrán conservarlo e impartirlo en clases, en su oportunidad.

Desde el mismo instante en que alguien se dispone a dar una clase de Metafísica, los Maestros y Seres de Luz también se disponen a darle ayuda y protección. Por eso es que el Instructor siente que las palabras fluyen a través de él sin esfuerzo, y que puede contestar preguntas, que él no tenía idea de que conocía anteriormente. Esta asistencia debe ser no solamente agradecida, sino reconocida y aceptada amorosamente de antemano. Con un acto de nuestra voluntad la afirmaremos más o menos en los términos siguientes (y el mejor momento es aquel en que nos estamos alistando físicamente para salir a dar la clase o charla):

Haciendo una pausa momentánea, nos "recogemos", o sea que enfocamos la atención en los latidos del corazón, visualizándolo rodeado de sus tres Llamas. Una vez que sintamos el pálpito, subimos suavemente deslizando el pensamiento por el cordón de luz que lo conecta al centro y tope del cráneo, viendo allí, en imagen, la gran Luz de la Amada Presencia "***Yo Soy***". Ahora se busca conscientemente el sentir de Su Amorosísima Compañía, y amándola se le dice:

Amada Presencia: Te ofrezco este servicio que voy a cumplir. Dirígelo, guíame, usa este tu vehículo. Invoco a los amados Maestros que deseen asistirme, agradeciéndoles su amorosa colaboración. Me encierro en mi círculo electrónico impenetrable y cierro el aura de la clase contra toda vibración discordante. Yo soy manso y humilde de corazón, y deseo que la llama violenta transmute toda tentación de orgullo espiritual.

Gracias, Padre por esta oportunidad de servirte

Ya estás ungido. Trata de permanecer en paz evita toda molestia que pueda sacudirte o apartar tu conciencia de tu Amadísimo

Acompañante hasta que estés en clase.

Esta no es sino una recomendación que queda sujeta a tu libre albedrío, pero es también la práctica para acelerar esa "Unión con el Intimo" que tanto mencionan los textos sagrados. La búsqueda de sentir al Amada Presencia, la tilda el Maestro Fox de: "Un tanteo, como quien busca a ciegas en una habitación oscura". Esa misma expectativa hace encontrar el objetivo.

Es muy importante recordar la invocación a la Llama Violeta para transmutar el orgullo espiritual, como ustedes bien lo saben, pero aquel que es infestado de ese gusanillo, es el que menos lo reconoce. Por eso es indispensable estar alerta y siempre prevenir. Uno de los indicios de que está infiltrado es el siguiente: Cuando te encuentres tomándote muy en serio, adoptando una pose de alta autoridad, levantando la voz mandatariamente, bájate volando de ese pedestal de tu propia hechura. No eres sino otro discípulo que alarga su mano para ayudar al que viene más atrás. Además, te advierto que todos los que están escuchando reciben con diáfana claridad el tongoneo inconsciente que despliega todo aquel a quien se le sube a la cabeza su propia importancia. Para contrarrestar ese "gusanillo del orgullo espiritual" (que así lo bautizó el Maestro Kuthumi) recomiendan, el Maestro Saint Germain y el Dr. Fox, encontrar algo de que reírse y burlarse de uno mismo antes de las doce del día. Como también recomienda enseñar sonriendo, introducir a menudo el chistecillo, y esta humilde servidora recomienda altamente el servirse del refrán criollo, del cuento casero, de las vueltas de frase voluntariamente humorísticas, del ejemplo caricaturizado; en fin, de todo lo que pueda mantener el Espíritu liviano y el corazón alegre.

¡ENTERATE QUE TE INTERESA!

Esta información constituye una síntesis, muy breve, de lo que la jerarquía espiritual o hermandad blanca ha transmitido:

Como inicio copiaremos exactamente parte de estos Mensajes, comenzando por lo que dijo nuestra Amada Guía Espiritual, *Conny Méndez* en el año 1978 cuando dio su información en una de las charlas dictadas en la Biblioteca Paul Harris, por la hermana *Carola de Goya*. Todo ello es "*de inmensa importancia*, para la gravedad del momento que estamos viviendo".

"Ya todo el mundo sabe que a nuestro Planeta le espera *Una iniciación* (y es así como debemos considerarlo); pues no debemos fijar nuestra mente en figuras negativas. Esa Iniciación es lo que *La Biblia* ha tildado de " Apocalipsis "; lo que el mundo se empeña en llamar cataclismos, etc. Es verdad que algunos no lo van a pasar agradablemente, como por ejemplo, el paso del gigante llamado *Hercobolus* que viene en dirección de la Tierra a una velocidad vertiginosa y que se espera en el año de 1982. Por eso les hago esta página de Instrucciones; para que todos los que puedan se pongan a salvo y enseñen al mayor número posible de hermanos y prójimos"

..."En estos momentos, la venida de Asthar y los Hermanos Mayores llamados "Extraterrestres" se debe al acontecimiento que está pendiente de la próxima venida de Hercóbolus, que es un cuerpo que se está dirigiendo hacia la Tierra y llegará en el año 82. Aunque es la verdad que *La Biblia* anuncia en *El Apocalipsis* que el sol se oscurecerá y habrá una nueva Tierra, un nuevo cielo. Hercóbolus es tan grande que va a eclipsar al sol y nos pondrá en las tinieblas. Es lógico pensar que una inmensa mayoría va a enloquecer de pánico cuando esto ocurra. Sí, creemos que habrá un cambio muy grande en la Tierra y en el mundo humano".

Si el viaje a la Luna efectuó cambios en el carácter y la psiquis de los astronautas, es razonable aceptar que se operarán cambios apreciables con la venida de Hercóbolus. Pero hay algo que los metafísicos conocemos muy bien y es que el temor, el miedo, no solamente atrae sino que fabrica o produce aquello que se teme y sabemos *que el amor destruye el temor*. Así lo aseguran las Escrituras Sagradas. Los que conocemos la Actividad de la *Llama violeta* sabemos que Ella es *Amor en acción* y ya la estamos usando, comprobando, esa verdad.

La Instrucción que les voy a dar es para que La divulgen, La repartan, la enseñen a los neófitos; para que vayan regando la forma de salvarse de mucho de lo que les espera. *Es la forma más sencilla y efectiva para los que ignoran nuestra enseñanza.* Aquí les va:

La prensa, la radio y la televisión se encargarán prontamente de asustar con noticias sensacionales y de procurar causar pánico. Tenemos que estar alertas para contrarrestar todo lo que advirtamos en nuestra vecindad. *La forma más sencilla es decirle a todos los alarmados:* "No, no tengas miedo *porque el miedo es fatal.* Di estas palabras:
"*Yo no le temo a Hercobolus, porque yo le mando amor*".

Insiste mucho en que se aprendan estas palabras exactas. Primeramente les puedes explicar que *Contra el amor nada tiene poder; que el amor es todopoderoso; que el amor es Dios...* Lo que te parezca más sencillo y fácil de comprender. Luego puedes explicar a los más enterados lo siguiente:

Que los grandes seres cósmicos, los Ascendidos Maestros, la Jerarquía Blanca, están haciendo un inmenso trabajo para proteger a la tierra con envolturas de amor: llama rosa, violeta, etc.; por consiguiente, al alcanzar vibraciones y decretos de amor (como por ejemplo "Yo le mando Amor"), *estaremos no solamente haciendo una labor de maestría y ayuda, sino también protegiéndonos y salvándonos de lo que venga ¡tanto más lo hacemos, tanto más logramos!*

¡GRACIAS!

ENSEÑANZAS DE CONNY A SUS GUIAS
EN LA CLASE DEL MARTES 8 DE AGOSTO DE 1967

La voluntad de Dios es el Bien, Paz, Dicha, Pureza, Equilibrio y Bondad, y ya ha manifestado y entregado todo esto.

Si el cuerpo, que es el templo del Espíritu, (porque sin el cuerpo el espíritu no podría actuar aquí en la Tierra) tiene necesidad de atenderle a su estómago tres veces al día, pues **tiene** que existir comida suficiente para cada persona. Esa comida la hay. Existe, nos pertenece ese derecho, no puede faltar ni fallar. La voluntad de Dios es que ni falte ni falle. Dios **no quiere** que tengamos hambre ni que ningún hijo suyo, ningún hermano pase hambre. Si pasan hambre es porque no saben la voluntad de Dios, no saben que existe Dios, ni que su voluntad es el único Poder y la única Presencia que puede actuar. Si tú estás vivo, caminando, pensando y actuando, es porque la voluntad de Dios te lo hace. Si El no lo deseara, estarías muerto. Es El quien se mueve a través de ti. Tiene derecho a vivir y actuar cómodo en tu cuerpo. Si estuvieras mojado, o caliente, o helado, o con sed con dolor, la menor anormalidad molesta a la mente. No podrías pensar en Dios sino en aquella molestia. El cuerpo, pues es delicado y frágil. Debe ser sano y fuerte, pero aunque lo sea, sanote y fuertote, si viene una rama y lo roza, lo rasguña. Y si viene una pared y le cae encima, lo destroza y lo daña. Es frágil y delicado. Pues por eso mismo está protegido por Voluntad de Dios. Cuando caiga esa pared o venga esa rama a foetear un cuerpo, Dios hace que el cuerpo del hombre no se encuentre allí. Ya ustedes lo han sabido en este terremoto. A ustedes no les ocurrió nada porque conocen a Dios, lo aman y confían en su poder. Los que piensan en El, los que no lo conocen ni lo aman por encima de todas las cosas, se encuentran aplastados por un edificio.

Van a pasar más cosas. Este parece ser que es el comienzo. No otros terremotos, pero otra clase de cosas. Debemos estar seguros de Dios, y no se está a salvo si no se está seguro de Dios.

Con todo el derecho que nos asiste debemos darle gracias a Dios diariamente en esta forma:

Gracias Padre, que tu voluntad sea que mi cuerpo no padezca de hambre, ni sed, ni dolor, ni catástrofes, ni heridas, ni molestias de ninguna clase, y así lo estás manifestando. Perdona a todos aquellos que te olvidan o que te ignoran, porque no saben lo que hacen. *Yo Soy* la ley del perdón y la llama transmutadora de todos sus errores y "Yo Soy" está en todos y en cada uno. Pronuncio ese nombre en nombre de Dios y le hablo al Cristo que late en cada pecho humano, animal, elemental y cosa viviente: Tú eres el perfecto, inteligente, bondadoso hijo de Dios. Tú amas a Dios y al prójimo y deseas manifestar tu divinidad en ti, y me dirijo así a toda la humanidad".

Angeles de la llama Azul, en este momento "Yo Soy" la Voluntad de pensar, sentir y actuar en perfección en todo momento y en toda circunstancia.

Niego, suelto y descarto toda flojedad y desgano. Las declaro mentira, y decreto: "Yo Soy" la suprema voluntad e interés en manifestar en todos mis pasos, la perfecta naturaleza del Padre Celestial de quien soy imagen y semejanza.

PALABRAS QUE CONNY MENDEZ DIJO PARA TI EN LA CONCENTRACION DE ACCION DE GRACIAS QUE TUVO LUGAR EN CARACAS EL JUEVES 28 DE NOVIEMBRE DE 1974

¿Serás tú de aquellos que no encuentran nada de qué darle gracias al Padre? ¿O serás como nosotros, a los que todo nos merece nuestra gratitud al Creador? Si no eres de estos últimos, permite que te ayude un poquito.

¡Gracias Padre por el agua que nos regalas y que siempre está ahí! El agua que bebemos, que absorbemos y que mantiene lindo y limpio nuestro mundo.

¡Gracias Padre por el aire que nos regalas y siempre está ahí! Si no tuviéramos el aire ¿cuánto tiempo crees tú que pudiéramos sobrevivir? Un segundo, dos segundos, tres segundos...

¡Gracias Padre por el sol que nos regalas y siempre está ahí! Luz y fuego de nuestra vida, si el sol se nos apagara, de inmediato caeríamos en las tinieblas, ciegos, inermes, congelados para siempre.

¡Gracias Padre por la tierra que nos regalas y siempre está ahí! Gracias por el imán que ella ejerce en nosotros brindándonos un hogar. Gracias, que ella no nos deja salir flotando y vagando por el espacio para siempre.

Bendita tierra
Bendito sol
Bendito aire
Bendita agua.

Estos cuatro elementos son el origen de todo, todo, todo lo que obliga nuestra gratitud. Jesús nos enseñó a dar gracias antes de pedir. Los Maestros nos han enseñado que todos los cataclismos, todos los terremotos, inundaciones, tragedias marítimas y aéreas se deben a que los Elementales, desesperados por el desamor de los hombres, el desprecio de los beneficios que representa el trabajo constante y eterno de estar fabricándonos agua, aire, luz y tierra y todo lo que de ellos se desprende, ya no lo soportan más y se rebelan contra esas condiciones existentes.

Cada día vemos aumentar estos cataclismos. Dense cuenta de que lo único que los Elementales esperan de nosotros es Amor y Gratitud por su eterna labor de proveernos con el agua, el aire, la luz y la tierra. Los Maestros también dicen que el camino más directo al Cielo es el de la gratitud. Pues está claro que si diéramos las gracias a los Elementales, no una vez por año solamente, sino que todos los días repitiéramos esas cuatro afirmaciones que te di, nos pondríamos en paz con los Elementales y cesarían para siempre los cataclismos.

MENSAJE DEL MAESTRO JESUS A TRAVES DE SU MENSAJERA LUCY LITTLEJOHN

El día 5 de julio del año 1970, estando esta servidora en la Convención Metafísica en Long Island, fue enviado un mensaje del Amado Jesús llamado "El Cristo", el cual fue dado por la mencionada Lucy Littlejohn, quien es el instrumento que recibe las palabras de los Maestros Ascendidos desde que ascendió la que es hoy Lady Miriam, complemento del Amado Maestro Morya. Dice así:

Yo Soy aquel a quien has conocido a través de las edades con el nombre de Jesús, "El Cristo". Hoy saludo al glorioso Cristo en cada uno de vosotros, mis co-servidores en la viña de Dios en la Tierra.

Amados, Benditos, sustraigan por favor la atención y la conciencia de lo humano, la humana personalidad o rasgos humanos. Vean ante ustedes una gloriosa Cruz de centelleante luz blanca y saliendo de cada esquina y rincón la radiante Llama Azul de la Santa Voluntad y Protección de Dios. Vean a esta magnífica cruz expandirse hasta que abarca a todo este recinto.

Hoy tengo el gran honor de anunciarles que a mi derecha está nuestro Amado Eolo, a mi izquierda nuestro bello Sanat Kumara, al costado de Eolo está el Señor Confucio, y al lado de Sanat Kumara se encuentra el Amado Señor Lanto, hasta ayer Director del Rayo Oro. Directamente detrás de mí vean al Magno Areángel Miguel, mi Padre Cósmico ¡Gloria a Su Santo Nombre!

Este es un verdadero gran momento, pero antes de decirles de que se trata, deseo que visualicen al Gran Señor del Mundo, Gautama, quien se encuentra en la atmósfera encima de la Isla de Long Island hoy. La inmensa Luz de su Cuerpo Causal envuelve completamente a esta Isla. Detrás de El hay un glorioso sendero de Luz, porque hoy se está recibiendo un Edicto Cósmico que viene de la Amada Alfa y Omega, por el cual se nos da un Representante de cada Sol de este Sistema. Este Canal de Luz se desprende de la Radiación de sus Seres, a medida que viajan hacia la Tierra. Piénsenlo. Tenemos un enviado de cada planeta en este Sistema ¿Saben ustedes lo que esto significa? Quiere decir que tenemos una actividad UNIFICADA, y estoy aquí para revelarles mi Nueva Identidad.

¡Yo Soy Micah, ángel de la unidad!

He venido hoy para anunciarles que voy a residir en Shamballa para continuar mi servicio a la Unidad, y que la pulsación de esta actividad comienza en este mismo momento, o sea la unificación de todas las actividades espirituales de este Planeta.

No quiero decir que sean todas de la misma naturaleza, porque se requieren las diversas actividades de cada Rayo, pero que cada actividad Espiritual sentirá desde hoy el latido de mi corazón desde la Santa Shamballa.

Además, tengo algo muy interesante que comunicarles. Desde hoy, el Amado Lanto servirá en la capacidad que ha sido mía, de Instructor Mundial junto con el Amado Kuthumi, y el Amado Confucio para a ser Director del Rayo Segundo, color Oro. Envíenles amor a estas Santas Entidades que tanto han hecho por ustedes en esta encarnación.

La pulsación comienza hoy para ir llevando esta Isla al título de Isla Santa, el Shamballa físico cuya entrada se mantienen protegiendo, las legiones del Señor Miguel irradiando Llama Azul.

Amados Hijos de la Luz, yo los amo como siempre los he amado, y les digo que recuerden siempre que *Micah*, el *ángel de la unidad*, está atrayendo y reuniéndolos para formar una gran llamarada del corazón, y cada vez que decreten en grupo, que canten en grupo, que invoquen o conversen , desde dos hasta una multitud, únanse, unifiquense en el Cristo Interior y la Luz del Cristo envolverá toda la Tierra ¡Que el Padre los bendiga!

ORIENTACION PROYECTADA POR LA AMADA CONNY MENDEZ RECIBIDA DEL AMADO MAHA CHOHAN PABLO EL VENECIANO.

Cuando el discípulo ya está consciente o sea que sabe y conoce, aunque no sea sino intelectualmente, que la Presencia de Dios "Yo Soy" esta viviente y actuante en su corazón y que lo capta en el latido de ese su corazón, en ese momento lo que sólo ha sido una chispa de luz, un Atomo Permanente, toma forma. La forma con linea y contorno de un ser Perfecto. La réplica del ser Crístico que habita en la Cuarta Dimensión.

Esta pequeña forma comienza a crecer dentro del cuerpo físico, y la expresión de su presencia se va expandiendo con su desarrollo.

Entonces se hace posible que cualesquiera de los Maestros Ascendidos penetre en esta figurita dorada al ser invocados por el discípulo, por ejemplo cuando éste genera el sentimiento de amor. El Maestro entonces le comunica lo que El llama su ímpetu, el Poder y la descarga de su propio sentir cósmico.

Cuando el discípulo consciente aprende que en su Presencia **Yo Soy** está activa la Llama de Fuego Divino, o simplemente la Llama Divina o el Fuego Divino, como él quiera llamarlo, ya tiene la obligación de usar esa Llama para beneficio de sus hermanos. Todo conocimiento, todo don concebido se hace de uso y empleo obligatorios para servir. Esto es lo que se llama el balance, o sea el rédito, que es como decir el diezmo espiritual que hay que ofrecer al Padre-Madre Dios, por ese gran Don que recibimos, de conocerlo, de ser conscientes de la Verdad Divina.

INTERPRETACION METAFISICA DE LA BIBLIA

Saúl y David

David, es una de las figuras más importantes de todo el *Antiguo Testamento*. Así como el Cristo es la figura que se destaca en el Nuevo Testamento, David, es el Cristo del Antiguo.

A Jesús, lo nombraron a menudo Hijo de David, y el Diccionario Metafísico de *La Biblia* dice que David, era una encarnación anterior de Jesús.

El significado del nombre de David, es: Amado, bienamado. Era hijo de un hombre llamado Jessé. En Español lo llaman Isaí. Esta era una familia humilde, granjera, de Betlehem, que es Belén, el mismo pueblo donde nació Jesús, y es significativo que el Padre, Isaí o Jessé, tenga por nombre la misma raiz de Jesús, de Isaías: Jehová es la salvación. El que Es. El que da. Y David, el nombre de David lo dice. David. La vid es simbólica de la vida, la viña, la sangre. Da-vid, da vida.

Isaí, tenía ocho hijos. Todos trabajaban con el padre en su granja, y David, el más pequeño estaba encargado de cuidar las ovejas. Esta es la más suave de las labores en una granja. El pastor está todo el día al aire libre, o bien sentado en una roca o en un tronco mientras las ovejas pastan, o caminandito al paso de ellas cuando las lleva a beber agua, cuando las saca y las guía a la sabana, y cuando las recoge de nuevo. Cuando alguna se aparta del rebaño, el pastor manda al perro que ya está entrenado a ladrarle dándole la vuelta para que se vuelva a reunir con el grueso del rebaño. Ellas andan todas pegaditas y muy junticas y no se dispersan fácilmente. Por la suavidad del trabajo, les es encomendado a los viejitos y a los niños. Para llenar las horas que pasan, los pastores se acostumbran a acompañar la soledad con algún instrumento que se ponen a practicar; un pito, una flauta, una sinfonía en estos tiempos modernos, y David adoptó el arpa antigua. Era una arpita pequeña. El niño era bonito, rubio y muy rosado.

Vayan ustedes asociando todos estos detalles.. Fíjense en el nombre David, en el significado esotérico y exotérico, interior y exterior. El pinta la conciencia ya pura, espiritual: que ya vive en un plano sin luchas, sin trabajos duros, guiando a otros, y esos otros son seres también suaves, sin malicia, dóciles. Fíjense cómo el arpa simboliza el arte, la música que es el idioma divino. Es un niño, es bello, rubio, muy rosado: todo esto es lenguaje espiritual y hay que aprender a reconocerlo porque no tiene equivalente en palabras. Las palabras todo lo endurecen y lo vuelven material. El rosado es el color del amor puro sin egoísmo. El rubio indica evolución, adelanto. A los querubines los pintan cabecitas de niños, rubios, rosados, una cabeza con dos alitas, o sea mente y espíritu, sin malicia y sin maldad.

Al profeta Samuel, le vino un mensaje del espíritu. Que fuera al pueblo de Belén, buscara a Isaí el Betlehemita, y que ungiera, o sea bendijera muy especialmente al hijo de Isaí. Ungir que es consagrar, es lo que se les hace a los reyes y se hace en una ceremonia en que se les toca la frente con óleo, o aceite y Dios le dijo a Samuel que procediera a consagrarle ese niño para que un día fuera rey de Israel. Ustedes saben que Israel significa en el plano espiritual reino de Dios.

Samuel hizo lo que le ordenaron. Isaí, le trajo a su hijo mayor. Samuel le dijo que no. Ese no era. Vino el segundo, tampoco. El tercero, tampoco. Y así fueron viniendo siete. Samuel por fin dijo: "Y ya los he visto todos?" "¿No tienes ningún otro?" Isaí respondió que sí, que aún quedaba uno, pero era el más pequeño y que estaba pastando las ovejas. Pero Samuel le dijo que se la trajera, y al verlo dijo: "Este es". Lo ungió, lo bendijo, lo consagró.

El rey de Israel era Saúl. Estaban en guerra contra los Filisteos, que los tenían muy embromados. Uno de los campeones del ejército Filisteo era un hombre gigantesco que se llamaba Goliat, y una vez, estando su ejército apostado en una colina y para dominar a los israelitas avanzó Goliat vestido con sus armaduras y con su escudero, y les dijo a los israelitas: "¿Y para qué van ustedes a luchar contra nosotros? No saben que de todos modos los vamos a destrozar? Manden a un hombre. Al más hombre de todos ustedes, a que luche conmigo y vamos a ver qué pasa. Y así decidiremos esta batalla sin que los exterminemos a todos". Por supuesto, esto causó mucha cons-ternación. Saúl y sus escuadrones se llenaron de miedo. Porque ganaría Goliat y los haría esclavos a todos.

Los tres hijos mayores de Isaí, estaban en el ejército, y su padre había mandado a David, a que los fuera a ver y llevarles comida, a saludarlos, en fin que le trajera noticias de sus muchachos. David, llegó en momentos en que el gigantón aquel estaba retando y desafiando a Israel. Los hermanos hicieron lo que haría cualquier hermano mayor con el más pequeño. "¿Qué vienes tú ha hacer aquí? ¿Y con quién has dejado aquellas cuatro ovejas que te ha entregado papá? No has venido sino por la curiosidad de ver qué va a pasar en este desastre. Anda y vete para tu casa".

Y David contestó lo que contestaría cualquier muchacho treceañero: "Bueno, ¿y qué he hecho yo? Yo no he hecho nada sino hablar para que me salgan ahora regañándome" Y se fue de allí bravo. Caminandito por aquí y por allá entre los hombres..., oyó lo que se discutía. Todo el mundo estaba preocupadísimo con el asunto del desafío y muchos exclamaban: "Ay, si hubiera alguien lo suficiente fuerte para matar a Goliat" "Dígame Ud.,, que no le daría el rey Saúl al que nos librara de ese hombre".

Y David, con toda la arrogancia de un muchacho adolescente anunció que él podía matar al gigantón. Se rieron y se burlaron de él, pero no faltó quien le contara al rey, como una gracia, el alarde del muchacho. Lo cierto es que a Saúl, le interesó lo que le contaron y mandó a llamar a David. La escena es tal cual lo que uno se puede imaginar. El rey le contestó al chico en tono cariñoso: "No podrás tú ir contra aquel filisteo para pelear con él, porque eres un mocito y él es un hombre de guerra desde su mocedad", palabras de *La Biblia*; pero el muchacho no iba a quedarse; así le arguyó al rey diciéndole que cuando él apacentaba las ovejas de su papá, muchas veces se había tenido que enfrentar a un oso y hasta a un león; y que él había tenido que arrancarles las ovejas de la boca. Tanto habló de la forma en que él agarraba los animales y les abría las quijadas, que el rey al fin le dijo, tal vez por salir de él: "Anda pues; y que Dios te acompañe".

El relato bíblico cuenta que los soldados le pusieron armaduras, espadas, yelmo de bronce, etc., hasta el punto que el muchacho no pudo dar un paso al ensayar caminar. Se divertían con esto pero el chico lo creía en serio, y al fin dijo a Saúl: "Yo no puedo moverme con todo esto porque no estoy acostumbrado, y se las quitó".

El asunto parecía haber terminado y ya nadie haría más caso. El chico se acercó al arroyo y recogió cinco piedras lisas y las metió en su bolsa. Luego se fue acercando al gigante quien esperaba junto con su escudero la respuesta de los israelitas.

Este vio al muchacho pero no le hizo caso ni siquiera. Un tal chipilín rubio y bonito no merecía sino ser espantado para que no fastidiara, pero el chico lo provocó. Lo molestó y fastidió hasta que el gigante lo amenazó para que se quitara de en medio. David lo amenazaba con un bastón y Goliat le dijo: "¿Soy acaso un perro para que me amenaces con un palo?, dicho hasta en tono de burla. "Ven acá y verás como te arranco tus carnes y se las echo a los zamuros". Y el muchacho le respondió, plantado frente a él, y con actitud envalentonada: "Te vienes contra mí con espada, con lanza y venablo. En cambio yo me enfrento a ti en nombre de Jehová de los Ejércitos, el Dios de os Escuadrones de Israel, a quien tú has desafiado; "Pues mira" Yo te voy a cortar la cabeza. Y voy a tirar los cadáveres de todo el ejército a los zamuros y a los animales,, para que sepa todo este gentío que Dios salva sin lanzar ni espada". Diciendo esto, el filisteo no quiso soportar más la majadería del chico, se levantó y empezó a caminar hacia David. Pero David, en lugar de echar a correr hacia atrás, corrió hacia Goliat y al mismo tiempo sacaba una piedra, la colocó en la honda (una china, tal cual) y la lanzó hacia la frente del gigante. Con tal puntería que la piedra se incrustó en el sitio del chacra pituitario. El hombre cayó al suelo sin sentido y David se le encaramó encima, y con la misma espada de Goliat lo acabó de matar.

Por supuesto que los israelitas aprovecharon, cayéndole encima al ejército filisteo, persiguiéndolo hasta muy lejos y acabando con todos. Saúl, quien había visto todo lo ocurrido al gigante, se volvió asombrado a preguntarle a su jefe del ejército: "Pero hijo, ¿de quién es este mozo, Abner?" Y Abner, contestó: "Por vida tuya, oh rey! que no lo sé".

Es un cuento de aventura digno de Hollywood. Emmet Fox, dice que *La Biblia* es el origen de todas las aventuras, de todas las novelas, solamente contiene material que puede proveer infinidad de literaturas no solamente populares, sino profundas; pues en lo que la piedra que mató a Goliat, está encerrada una enseñanza metafísica.

En todo el libro de *La Biblia*, la piedra simboliza la fe. A Pedro, le dio Jesús, este nombre que significa piedra, y le dijo: "Sobre ti, Pedro, edificaré mi Iglesia". El lanzamiento de la piedra por David, simboliza el acto de lanzar la Verdad hacia la mente de un tercero, e ilustra perfectamente lo que tanto repetimos en metafísica. Tu palabra, enviada con fe, en el plano superior, hacia alguien que esté en el error y manifestando en lo exterior el resultado de su error, vence y derrumba ese error, así sea un gigante que lo tenga aterrorizado. Tu acto de fe y de Verdad, tan inofensivo como un niño ingenuo, tiene más poder que todo el ejército de maldades acampadas alrededor.

Toda la historia de David, merece ser leída con mucho interés e interpretada, pues se extrae mucha sabiduría y enseñanza metafísica. Su vida toda es una demostración. Ilustra perfectamente la trayectoria del estudiante de metafísica, desde el comienzo hasta el día que entra en lo que llama la conciencia crística, o sea el reino de los cielos. Ustedes ven que David nació humildemente en el pueblecito de Belén, y ese campesino insignificante llegó a ser rey de Israel, y a tener un hijo que encarnaba la sabiduría, Salomón. En su próxima encarnación nació donde mismo, Belén; pero en lugar de recorrer caminos, terrenos que había trascendido, ya que ocupó el sitio más alto de la tierra, venía hablando de su reino espiritual. Ven ustedes cómo son las vueltas del espiral, siempre en ascenso.

Saúl

Y ahora vamos a hablar de Saúl, el primer rey de Israel. En *La Biblia*, un rey siempre es representativo de la voluntad. El deseo central del individuo, o sea su estado de conciencia. Todo deseo tuyo expresa tu voluntad. Cuando tus deseos son carnales, está expresando conciencia carnal. Cuando tus deseos son de elevarte, mejorarte, adelantar en el conocimiento de cosas espirituales, estás en conciencia espiritual. La conciencia material es la conciencia carnal, pero ya mezclada con conocimiento intelectual únicamente. Todavía no hay la curiosidad sana de indagar lo más alto, y mucho menos de esforzarse en transformarse como lo hacemos nosotros. El materialismo acepta sin titubeos las explicaciones de tipo visible, su lógica terrena, su sentido común es limitado a lo físico y lo comercial, y duda mucho todo lo espiritual.

Hay una conciencia superior a la conciencia material, pero que no la supera en mucho, y es la conciencia de lo astral. Esta pertenece al individuo que cree en la vida después de la muerte, o sea que admite que hay "algo" y que el individuo no desaparece porque entierren su cuerpo en el cementerio. Este tipo de conciencia no se niega a presenciar sesiones espiritistas. Puede que conserve muchas dudas al respecto, pero tampoco se esfuerza en buscar explicaciones, ni ilustrarse en ese particular.

La conciencia francamente astral es aquella que cree firmemente en la comunicación con los muertos; que la busca, la acostumbra, que le confía todos sus problemas a los espíritus, sigue todos los consejos que recibe por este conducto, y le encantan todas las manifestaciones espiritistas como las materializaciones, los aportes, las apariencias, etc.

La conciencia espiritual, en cambio, no está satisfecha con guías y consejos de segunda mano. Busca dirección en el espíritu en lugar de en los espíritus, en el Cristo interior, única dirección segura porque es el Cristo interior, porque es el representante directo del Dios vivo, y sabe lo que le conviene a él particularmente, exclusivamente, aunque en perfecta armonía con todo el universo.

Entre las dos conciencias, la conciencia astral y la conciencia material, francamente es preferible la conciencia material, porque ella está concernida, ocupada totalmente en el asunto que le atañe aquí en el plano, en su condición física. No así la conciencia astral que procura mezclar las condiciones de los planos, el astral y el físico, lo cual no trae sino confusión, frustración y estancamiento. Los espíritus que viven en las condiciones del plano astral, por mejor voluntad que tengan; por más buenos y nobles que sean, no pueden dar consejos físicos. Es como si los humanos trataran de resolverles sus problemas astrales a los habitantes de ese plano. Y a pesar de que se alegue que ellos conocen las condiciones terrenas porque pasaron por ellas, las experiencias que ellos tuvieron de estas condiciones a aquellas, comienzan a transmutarse, a dirigirse, a olvidarse y la conciencia del individuo se diluye en tal forma que equivale al ejemplo siguiente: Tenemos un individuo que se cambia de país. Digamos que se va de su tierra tropical a vivir a Escocia, y que a los muchos años de vivir allí, entre montañas rocosas, estériles, entre nieblas, entre caracteres reservados, en condiciones que requieren calefacción, idioma extraño, carne de chivo, toque de gaitas ¿Creen ustedes que cuando ya él se haya amoldado y transformado a aquel a aquel ambiente, pueda dar una ayuda efectiva a un problema que se le consulte por carta, un problema de carácter tropical, regional, de una actualidad que él no está palpando? No, ¿verdad? La ayuda o el consejo que daría sería teñido todo con los colores de su vida escocesa, que constituye un mundo distinto al mundo tropical. Esa es la diferencia. El astral es un mundo, éste es otro.

Los reyes de *La Biblia*, representan cada uno un estado de conciencia diferente. Cuando leas *La Biblia* y te encuentres con un rey, ese rey te representa a tí. Eres tú, y te revela tu estado de conciencia del momento. Al abrir *La Biblia*, por ley de atracción, te encuentras tú.

Saúl, fue el primer rey que tuvo Israel. Antes de Saúl, Israel era gobernada por Jueces, de acuerdo con la disposición que había dejado Moisés, pero los israelitas comenzaron a pedir un rey. Ansiaban llevar la vida que veían en los reinos, creían más libres bajo un rey. Aquí está la clave del simbolismo de Saúl, la voluntad de libertad, el deseo de quitarse de encima las cadenas que obligan a dominarse. El significado metafísico del nombre de Saúl es: Deseado, reclamado. Y la definición es: La acción de la voluntad en lograr aquello que desea.

Saúl era una especie de llanero. Un hombre de las pampas o *cowboy*. Fíjense como su condición humana concuerda con el símbolo que representa. El andaba buscando un arreo de mulas perteneciente a su padre y que se había espantado y regado por el campo y no habiéndolas podido encontrar entró a consultar a Samuel, el profeta, quien tenía fama de encontrar las cosas perdidas. Samuel, era pues un medium. Es notorio en los hombres de los llanos y praderas, que pasan su vida trabajando entre ganado y bestias, lo supersticioso que son y lo adictos a los cuentos de aparecidos y espíritus. Son de conciencia astral, que es una conciencia típica de las razas primitivas, de poca evolución. Es una conciencia casi natural, de todo el que vive muy cerca de la naturaleza, que observa sus fenómenos y los interpreta a su manera.

Estas personas, por lo general, son lo que se llama "voluntariosos", testarudos, reservados, algo tímidos, aunque muy valientes ante los aprietos. Saúl representa, pues la voluntad personal.

Samuel recibió la inspiración de consagrarlo, porque fue informado por el espíritu que éste sería el primer rey de Israel.

En *La Biblia*, los Gentiles representan aquellos que están bajo conciencia carnal o de los sentidos. Al aceptar a Jehová, y adquirir un poco de comprensión espiritual, son llamados israelitas, Saúl, iba a ser rey de Israel, pero aún estaba en la conciencia personal, y aunque creía en un solo Dios, y había sido instruido en las prácticas religiosas de la época, vacilaba entre un camino y otro, y al ocurrirle algo que no podía solucionar, corría a consultar con el medium, tal como lo hacen los humanos hoy día.

Todo aquel que está aún bajo el dominio personal, se desvía fácilmente de la práctica de la Verdad, se pone muy nervioso de saber lo que va a suceder, olvida que el futuro está en sus propias manos, y sale a consultar a clarividentes y mediums. Cuando nos damos cuenta de que Dios, no quiere para nosotros sino todo lo mejor, y que nuestra palabra y nuestra fe nos producen todo lo que deseamos, se nos quita la tentación de frecuentar a los echadores de buena fortuna: los cartománticos.

Por un lado, Saúl, se dejaba guiar por su Yo Superior. Pero por el otro no le era leal. Cuando sus pensamientos errados oscurecían su inspiración, cuando no recibía mensajes por medio de sueños, salía a consultar a la bruja de Endor, quien invocaba el espíritu de Samuel, después de muerto éste (tal como acostumbran aquí y ahora los espiritistas), y le repetía a Saúl, lo que decía el espíritu.

Si Saúl hubiera obedecido la ley espiritual, hubiera esperado con paciencia hasta recibir por intuición la respuesta que buscaba. Esta no se hace esperar jamás. Requiere una disciplina y fe, pero siempre de alguna manera, el espíritu nos comunica todo lo que necesitamos saber y a plena satisfacción. Pero Saúl vacilaba y traicionaba su conocimiento de la Verdad. Le ocurrió lo que a muchos de los que se internan en el plano astral y siguen consejos que les dan los diversos espíritus de ese plano: se volvió loco. A veces furioso y otras melancólico, es muy significativo que quien lograba apaciguar al rey loco era David, con su música. Eso ilustra el poder del amor (David) para armonizar las discordias que suscita la voluntad violenta.

Lleguemos hasta aquí en el estudio de David y Saúl. Sólo quiero que sepan que por ningún concepto apruebo el contacto con el plano astral. Eso entra en lo que *La Biblia* llama "idolatría", ya que el individuo que pone su fe en lo astral, que sólo muestra fenómenos y poderes parciales, se lo está quitando al *Absoluto*, o sea que está sustituyendo lo superior por lo inferior. No hay nada prohibido. Todos tenemos libre albedrío. Sólo se nos recomienda conservar el equilibrio, el no abuso, para mantenernos en el Bien

DE ULTIMA ACTUALIDAD: EL LATIDO UNIVERSAL

Habiéndose recibido a través de la Revista *The Bridge to Freedom* (órgano de *El Puente*) un mensaje del Maestro Saint Germain, en el cual, por primera vez menciona la ocurrencia de "cataclismos" (que tanto están impresionando y afectando a la humanidad; y con mucha razón, porque la prensa no hace otra cosa que bombardear con artículos tipo ultimátum que no dejan aparentes escapatorias) El Maestro ha tomado cartas en el asunto para ofrecer el refugio y las armas contra el aniquilamiento que amenazan producir las mentes que ignoran la Ley de Causa y Efecto. Sin embargo, el Maestro dice textualmente que *"no es para engendrar ningún temor, sino con el objeto de que puedan estar mejor preparados para su servicio en el futuro"*.

Es verdad que El Maestro admite que *"hay ciertos cambios planetarios y cósmicos sobre los cuales aún nosotros no sabemos su futuro, en tales momentos a veces nosotros mismos no tenemos más que cinco minutos de aviso en que preparar a aquellos estudiantes dedicados a nuestro servicio... Pero si el cuerpo estudiantil no está lo suficientemente preparado para integrarse en el movimiento mental-espiritual de rescate, no será un buen conductor de la radiación. No es sino sentido común, o sea sabiduría, el que los chelas se reúnan y se preparen, y puedan, en el momento de crisis, entrar en acción colectivamente tan pronto como sea posible, y que todos posean un número de decretos apropiados y a la mano, o mejor aún memorizados, para proceder personalmente a entrar en acción y evitar el desastre"*.

El Maestro explica también que por tener todos nosotros divergentes impulsos de energía dentro de nuestros cuerpos causales, por poseer diferentes personalidades, diferentes tipos, por pertenecer a diferentes Rayos y por estar en período de transición, no pueden Ellos esperar lograr una unidad completa y perfecta expresión de armonía en nosotros y en estos momentos, pero que están buscando una forma eficaz de aplicación (tratamiento) que no pueda ser confundida, para producir la manifestación instantánea para el Planeta. El Maestro dice: *"Recuerden Amados Corazones de mantenerse centrados, ajustados y aplomados en la Llama Triple dentro de vuestros corazones para actuar rápidamente en las emergencias y en los cambios inesperados. Hay radiaciones que pueden ser traídas conscientemente y en un momento dado, las cuales pueden ser invocadas por aquellos seres dedicados a nuestro servicio, reunidos en la "Cámara Superior"* (Lugar Secreto del Altísimo, o sea conscientes de la Presencia **Yo Soy**), cuyos cuerpos físicos se encuentran descansados, sus cuerpos mentales en estado de alerta, sus cuerpos etéricos purificados.

El Maestro recomienda invocar a la Presencia **Yo Soy** para que vaya "donde quiere que se encuentren" las almas que hayamos dañado en cualquiera de nuestras vidas pasadas, como también a los animales a quienes hayamos maltratado o sacrificado en los altares de sacrificios religiosos de antaño, y que los trasmute con la Llama Violeta. Que la Magna y Amada Presencia puede localizarse en cualquier Reino, Templo de la Ascensión, sea que esté encarnada, y gustosa te equilibrará la deuda en una hora o en un solo momento. Esto es importante para tu eficacia en el servicio. El Maestro dice otras cosas que te iré mencionando en el resto de este Boletín de Ultima Actualidad, ya que me ha dado, si no *La fórmula de la aplicación instantánea para el planeta*, por lo menos *Una fórmula*. (Esto no depende sino de mi propia y humilde comprensión).

Y ahora entremos en materia:

Como simple recordatorio te preguntaré: ¿Tú has escuchado y sentido los latidos de tu corazón, verdad? ¿Tú ya conoces el gran secreto del Atomo Permanente dentro de cada corazón? Tú ya sabes que dentro de ese Atomo están las Tres Llamitas conocidas por el nombre de *Llama triple*. Tú sabes ya muy bien que al ser reconocidas y bendecidas por alguien, la cápsula que envuelve ese Atomo se rompe y surge la Llama Triple que desde ese momento se convierte en el Ropaje del Cristo.

Todo el mundo sabe que los latidos del corazón comprueban que la persona está viva, por supuesto. Cuando se quiere averiguar si una persona está viva o "muerta" se le tantea el pecho o el pulso. De manera que ese latido significa *Vida* ¿Y cómo llamamos los Metafísicos a esa *Vida*? Dios. Dios es Vida. La Vida es Dios. De modo que hasta los *Ateos* saben que lo que late el corazón es *Vida*. Hasta los médicos que dicen no haber encontrado el Alma en un cuerpo operado, saben que ese latido es *Vida*. Es la *Vida*.

A nosotros se nos enseña que ese latido representa toneladas de Energía que nos entran en el Templo Físico. Energía Pura, o sea Vida, Amor, Verdad, Inteligencia, Poder, Salud, y cantidad de virtudes que son *Dios*, como Justicia, Consideración, Paciencia, Fe, etc. Todas se derivan de las Tres Grandes Llamas: Amor, Inteligencia y Poder. Y sabemos todos que todo esto es la Magna y Amada Presencia de Dios en nuestros corazones.

Bien; todos sabemos que esos latidos vienen de la PRESENCIA más arriba de nuestras cabezas. Esa Energía es bajada por el Cordón de Plata, por el Chacra Coronal directamente al corazón. *Cada latido representa la reunión de todos esos poderes y virtudes.* Cada latido es la Prueba de la *Presencia de Dios "**Yo Soy**" en ti.*

Ahora, toma el Secreto del Dominio y la Maestría. Toma la fórmula que nos da el Maestro "para entrar en acción y evitar el desastre". *Aquiétate un momento y piensa en el corazón* (de una persona o de miles). Recuerda los latidos. Escucha y siente tus latidos. No dejes de recordar que tu corazón y el de los demás están latiendo idénticamente y al mismo tiempo y que palpitan al unísono, conjuntamente y voluntariamente, aunque únicamente tú sabes lo que estás haciendo, pues el Maestro Saint Germain dice: *Allí donde enfocas tu atención, allí estás. En ello te conviertes*". Has entrado en el corazón, o los corazones de los otros. Y por tu vibración mayor has dominado las vibraciones menores. Además de que ya conoces la máxima Metafísica: *Uno con Dios es la mayoría* ¿Y la otra del Maestro Jesús: *donde dos o más se hayan reunido en mi nombre, allí estoy con ellos.* ¿Qué quiere decir esto? Que si "Uno con Dios es la Mayoría, Dos o más son la totalidad", y allí está el secreto de la fórmula. Has puesto a latir los corazones al ritmo tuyo. Se han puesto en paz, y en el estado de paz es que se le abre la puerta a la Presencia para que pueda bajar y dispensar sus dones. Es instantánea la reacción del Cristo. Y ahora vas a encontrar la fórmula en cantidad de sitios. Vamos a ver, por ejemplo, el Salmo 46, tomado casi al azar. Haz conciencia de cada palabra, y cada frase:

Aquietaos y sabed que yo soy Dios... Aunque tiemble la tierra, aunque se conmuevan los montes en el seno del mar, aunque se espumen y agiten sus olas, aunque retiemblen los montes a su empuje, túrbense las naciones, vacilen los reinos, no temeremos porque en medio está Dios. No será conmovida, Dios la socorrerá desde el clarear de la mañana. Dice su voz y se derrite la tierra. El es quien hace cesar la guerra hasta los confines de la Tierra. El rompe el arco, troncha la lanza y hace arder los escudos en el fuego. Aquietaos y sabed que Yo Soy Dios... Un río con sus brazos alegra la ciudad de Dios, (La ciudad de Dios. La ciudad es la conciencia y el río es la energía). El Santuario donde mora el Altísimo. Venid y ved las proezas de Yahve (Yo Soy). Los prodigios que se obra sobre la Tierra.

¿Te das cuenta de que precisamente el Salmo nombra cataclismos, terrenos marítimos y guerras? ¿Te diste cuenta de que el Salmo describe lo que estamos estudiando aquí? Que es instantánea la acción de Dios en el Santuario donde mora el Altísimo. Ese "río con sus brazos" es la corriente que tú estableces desde tu corazón al corazón de otro u otros. Y es instantáneo. Dios no tiene por qué esperar, a menos que tú no le impidas la acción por causa de tu libre albedrío. Y he aquí una cosa importante:

Fíjate que el Maestro ha dicho que hay que actuar rápidamente en los cambios repentinos. Que tenemos que estar atentos y alerta. Reuniéndonos, sí, pero actuando dinámicamente. No podemos perder tiempo en aquellas meditaciones que tanto les gustan a muchos de ustedes, en que cada uno se siente inspirado, hablando y decretando largamente. Las devociones se estiran y duran horas enteras. Mientras tanto (dice el Maestro) la Amada Presencia y el Cristo permanecen mano sobre mano, a que tú termines de oírte para ellos comenzar a actuar y conceder lo que has pedido. Y es que tenemos que advertir que al cuerpo emocional le deleita el escucharse. No le importa nada que los demás estén aguantando aquella perorata. A eso lo llaman ustedes "una meditación". Voy a copiarte lo que llaman los Maestros Kuthumi y Saint Germain, meditaciones. La primera está incluida entre las Meditaciones Diarias de nuestra enseñanza. Dice el Maestro Kuthumi:

Amados corazones: No hagan grandes esfuerzos para buscar la Presencia de Dios. Aquiétense y encuéntrenlo en la Paz de vuestro mundo sensorio. Dense cuenta de que el Majestuoso Poder de Dios está en el latido de vuestros corazones y permitan que esa Naturaleza Divina encienda vuestro propio mundo con el Poder y el Amor de la Presencia de Dios.

La segunda se encuentra en la Meditación del día sábado. Llama Violeta: *Aprendan a aquietarse aun cuando no hay emergencia. Traten de aquietar sus cuerpos físicos, sus pensamientos, sus memorias etéricas y luego vuélvanse suavemente al Ser Supremo hasta que se sientan anclados en la Paz.* Luego el Maestro agrega: *Con una sola persona que haga esto, se salva una ciudad.*

Y ahora el Maestro nos sugiere el Movimiento que Él mismo llama *El latido universal*, en que nos pide fijar la atención en nuestros corazones, escuchando los latidos, pensando en la Energía que derrocha la Presencia; luego pensar en el latido de otros, así sean miles o millones.

No me hagas caso, si no quieres. Sólo comprueba el milagro que se te manifestará.

Simultáneamente hubo tres personas que tuvieron la visión de un gran corazón rojo, latiendo, con el centro dorado y bordeado de azul y rosa. Una de ellas vio cómo entraban o se agregaban miles de seres. Es la corroboración que nos da el Maestro.

Ahora te diré algo muy importante que alerta el Maestro.

Dice así: Traten de vivir por encima de las tensiones que molestan a la generalidad en la tierra. Jamás podrán sobrevivir como movimiento espiritual, ni siquiera como grupo espiritual, si permanecen más abajo de lo que se antoja llamar "La Marca del Agua" (o sea el borde hasta donde llega la orilla del agua). Allí donde hay el temor, todas las clases de molestias y problemas; la intolerancia, el odio, la ira, la rebelión, los celos. Si tú vives allí, entonces forma parte de la "Creación Humana" y la "Mente Humana". Estás en el fondo y no en la superficie como tú crees. Tú no puedes lanzarles la soga de la Instrucción, o la enseñanza nuestra a los que yacen allá abajo, con el fin de elevarlos de la oscuridad hacia *La luz de Dios que jamás falla* ¿Cómo? ¡Si tú estás allí con ellos! Y a propósito, permíteme decirte (no diré tú nombre, pero tú sabes a quien me refiero). Cada vez que hablamos te oigo repitiendo los mismos clavitos de siempre. Los repites y los remachas. En ningún momento te he oído mencionar las virtudes y colores de tu Llama Triple, ni el Atomo Permanente de nadie. Sin embargo, tienes a flor de labios los nombres de las enfermedades, de los médicos, de la medicinas, de tus defectos y problemas ¿Cómo quieres tú salir de ese escalón? Es el mismo que el Maestro llama 'La Marca del Agua'. Te aconsejo que comiences hoy mismo a escuchar los latidos de tu propio corazón para que vayas aprendiendo a escuchar el de los demás. Recuerda que puedes curarlo todo. Enfermedades tuyas y de los demás, problemas tuyos y de los demás, defectos tuyos y de los demás, con solo pensar en tu corazón y en el de los demás, y recordar que los latidos son chorreones de virtud como la Salud, la Armonía, la Paciencia, la Fe, la Serenidad, la Paz... en dos palabras incólumes: *¡La perfección, que está ahora mismo cayéndote en el corazón y el de los demás, y con pensarlo ya es un hecho que se manifiesta!*

Repito: El Movimiento que el Maestro Saint Germain desea que se divulgue de inmediato es el de enseñar a escuchar primero el latido de tu propio corazón, pensando en el inmenso volumen de Energía Pura que entra con cada latido y afirmar:

Yo soy el latido universal y el líder de mi ambiente. En el nombre, por el poder y la autoridad de mi amada presencia yo soy, decreto que uno con Dios es la mayoría. Dos o más son la totalidad..

Que esto sea aprendido de memoria y se afirme en cada circunstancia negativa que se presente en el Planeta.., con la absoluta fe de que la Presencia **Yo Soy** actuará sin pérdida de tiempo, ya que el *Latido universal* decretado y realizado por la Presencia **Yo Soy** es la unión de *Todos* los corazones del Universo.

PARA QUE NO PIERDAS TU TIEMPO

Te repito lo que ya se te enseñado, pero no me doy cuenta de que hay discípulos que aún no se han percatado de lo que sigue, y lo repito ahora en palabras nuevas para que les penetre mejor y no pierdan su tiempo.

La Metafísica engloba todas la enseñanzas que han existido hasta ahora en el Planeta Tierra. Si tú eres estudiante de Metafísica; si tú **absorbes, captas y puedes practicar** lo que estás aprendiendo en la Hermandad Saint Germain, estás comprobando haber ya absorbido todo lo que los Maestros han dado hasta ahora, ya has avanzado al punto de subir al próximo escalón, y *no tienes necesidad de ingresar en órdenes o sectas inferiores.*

Algunos estudiantes se sientes atraídos por el aspecto fenomenal de las Sectas que llamamos "Menores". Oye bien. Se les dice Menores porque están actuando aún en el *Plano Emocional*. No han subido aún al *Plano Mental*. Aún son Piscianas. Piscis, o los peces, viven en el agua. **Agua es representativa de la emoción.** El mar representa el plano emocional. Es salado como las lágrimas. **Acuario** es un hombre que carga un jarro de agua al hombro. Es el hombre que ha dominado el agua y la usa como y cuando quiere, en pequeñas cantidades y con parsimonia. Es pues el ser que ha llegado a dominar su emotividad y la usa con inteligencia.

Tú ya debes saber que no es que la emotividad sea mala. Es muy bueno tener una gran profundidad de emoción, sólo que hay que manejarla con mucha inteligencia. Hay que equilibrarla con la inteligencia; por lo tanto hay que ser tan inteligente como emotivo, y tan emotivo como inteligente. Esto se logra haciendo afirmaciones cada vez que uno se sienta dominado por la emoción: **"Yo soy la Inteligencia Divina.** *Yo Soy* **la Llama de Oro"** y meditar mucho sobre la inteligencia. Y dile a tu cuerpo emocional: **"Aquiétate. No acepto que te desbordes. Obedece a tu superior"**. Superior es el **Plano Mental. La Metafísica es una enseñanza mental** y se supone que ya tú eres adulto espiritualmente que ya dejaste la malacrianza infantil, las lloraderas y los pataleos, el dramatismo psíquico, que ya razonas y disciernes, por lo tanto, que ya mereces entrar en el **Plano Mental.** Es el Plano de la Era de Acuario, *así como Piscis lo fue del Plano Emocional y negativo.*

El hinduísmo es el sistema religioso más antiguo del Planeta, ya que hasta se confunde con la propia historia del Continente Asiático. El Yoga desbordó los límites del hinduísmo, extendiéndose hasta el Tao, el Budismo etc., y se ha dicho que existen tantas Yogas como existen Yogis. Lo cierto es que típicamente emocional y psíquico. Es el dominio por excelencia de la materia y del cuerpo astral. Más adelante no ha podido penetrar porque hubiera sido entrar en plano mental, y los Maestros no les dieron los principios Mentales. Para ellos lo más excelso es liberar el alma en el Samadhi que es un plano psíquico emocional. "El conocimiento" para ellos consiste en ver flores, oler perfumes y viajar astralmente. Aún no se saben traer la presencia *Yo Soy* al cuerpo físico. Aún no conocen el Cristo interior. Estos conocimientos fueron introducidos por el maestro Jesús-Cristo. La metafísica es cristiana y los hindúes son budistas. Muy anteriores al cristianismo. En las eras emotivas se hacía muy difícil controlar al cuerpo emocional, y después de haber leído la monografía "*Parece mentira*".. Ya sabes lo que ocurre con los arranques de ira, de emotividad y las prácticas de auto-hipnosis: Se separa el Doble Etérico del cuerpo físico, lo cual produce la visión psíquica, lo cual es una distorsión, un desorden, una enfermedad. Ya debes haberte graduado en esas enseñanzas que lo que hacen es estancarte en épocas ya superadas, obsoletas, regresándote al pasado, cristalizándote como la mujer de Lot, por lo tanto perdiendo tu tiempo.

La Orden Rosacruz fue fundada en Alemania en el Siglo Once (XI), por un grupo presidido por *Christian Rosenkreut*, que como bien lo sabes tú, fue una encarnación anterior del Maestro Ascendido Saint Germain. Cada Siglo venía un Adepto a introducir un nuevo escalón para ir adelantando a la humanidad en el conocimiento de la verdad. A pesar de que fue traída al planeta por el Avatar de esta era de Acuario, no significa que sea válida sino para aquellos que aún no pueden captar totalmente la Enseñanza Metafísica. El Rosacrucismo que nos ha llegado a nuestros días tiene limitaciones inaceptables, entre otras la práctica de buscar y mirar, estudiando, las encarnaciones pasadas, cosa que cristaliza como la mujer de Lot, impidiendo avanzar.

La Masonería data del año 1717, después de haber sido un simple sindicato artesanal. Hoy en día también resulta plagada de limitaciones y atrasos.

La Orden Martinista fundada por Martínez de Pasqually y su secretario y discípulo Louis Claudes Saint Martín, fue otro paso en la escala de los aspectos de la verdad. Está superada por la Metafísica Cristiana y la actividad **Yo Soy**. Lo mismo El Gnosticismo, todos los derivados protestantes y aún las más modernas ciencias Cristianas etc., ya que éstas son pasos hacia la metafísica, como te lo dijo el mensaje de Rafael Zamora para Hispano América.

Esos ascendidos maestros Morya, Kuthumi, Saint Germain y Djual Kul, para resumir todo lo que había sido dado al planeta y que no quedaran dudas en las mentes humanas, le dictaron personalmente a Elena Blavatsky toda la enseñanza teosófica como una Enciclopedia para todo el que busque instruirse respecto a cualquier punto que tenga oscuro. Esto incluye el Cristianismo, Ocultismo, Espiritismo, Neoplatonismo, Gnosticismo, Cábala Judaica, Mística Rosacruz, Martinismo, Tradiciones Budistas, Hinduísmo, Karma, Vida de Ultratumba, Causa del Mal, Leyes Herméticas, Planos, Rayos, Teúrgia, Magia, Purificación, Perfección, etc. De modo que no hay excusa para permanecer ignorante o atrasado. Toda persona en sendero espiritual tiene a la mano la contestación a cualquier pregunta que le venga en mente. La Teosofía no es ni una Secta ni una religión. Es un diccionario espiritual dado en persona, cara a cara, de tú a tú por los maestros de la sabiduría a la tan mal comprendida Elena Blavatsky.

En el año 1802, los maestros comenzaron a enviar al planeta la Enseñanza del Nuevo Pensamiento por medio del Dr. Phineas Quimby y su discípulo Waldo Trine, autor de "A TONO CON EL INFINITO", una de cuyas frases célebres es la más grande de las verdades eternas: "El reconocimiento de nuestra propia Divinidad y nuestra íntima relación con lo Universal, equivale a atar el cinturón de nuestra maquinaria a la fuerza motriz del Universo".

Todas las Escuelas que de allí se desprendieron son repeticiones del mismo tema trascendental, o sea "LA PRACTICA DE LA PRESENCIA DE DIOS YO SOY en mí, en Ti en Todos, en Todo, Aquí, Allá, más Allá".

Cuando se llega a esta última enseñanza se ha llegado a Dios. Tarde o temprano se le encuentra en nuestro Centro, y todas las anteriores sectas y religiones se vuelven TRASCORRALES. No lo olvides. Son superfluas, están demás, obsoletas, sólo ocasionarán pérdida y desperdicio de tu tiempo. Es devolverte a buscar a Dios por trascorrales. Es atrasarte y estancarte cristalizándola como la mujer de Lot. El que llega a la práctica de la presencia de Dios, por medio de actividad **Yo Soy**, si no ha llegado a superar todo en vidas pasadas,

Su Cristo, Su presencia **Yo Soy**, que es UNO SOLO lo llevará a todas la verdad. Es promesa bíblica.

De manera hermano y hermana, que no te eternices voluntariamente en el escalón inferior ya que nos queda poco tiempo para escoger: Ascender con el Planeta, o descender a un Planeta inferior por haber desaprovechado esta oportunidad, perdiendo el tiempo, perdiendo esta encarnación.

BENDIGO TU CRISTO Y LE PIDO QUE TE ILUMINE

**Protección Gubernamental para Venezuela, los EE.UU. de América y para el mundo entero.
¡Con todo el poder y autoridad de la Amada Presencia "Yo Soy" en mí, digo y decreto:**

¡Sellen! ¡Sellen! ¡Sellen!

Todas las posiciones oficiales gubernamentales en Venezuela, EE.UU. y en el mundo entero con *La presencia luminosa y con el brillante corazón de diamante, del Ascendido y Amado Maestro El Morya,* individual y colectivamente.

Dejen que la *Voluntad de Dios se manifieste* en, a través y alrededor de los Gobiernos de Venezuela, EE.UU. de América del Norte y en el mundo entero, HOY Y PARA SIEMPRE, *"Que solamente aquellos que hay sido escogidos por los ascendidos maestros de sabiduría para ocupar las oficinas claves gubernamentales, sean realmente con los colocados en ellas* para que el GRAN PLAN DE DIOS se cumpla debidamente.

¡AMADO Y ASCENDIDO MAESTRO EL MORYA! ¡Toma de forma inmediata, completa y eterna, el COMANDO, CONTROL y POSESION, de los GOBIERNOS Y SUS PUEBLOS y de todos los GOBIERNOS Y DE TODOS LOS PUEBLOS EXISTENTES EN EL PLANETA TIERRA!

DECRETEMOS QUE, LA LUZ DE DIOS QUE NUNCA FALLA, se posesione y guie, y gobierne, a todos los seres encarnados en todas partes sobre el PLANETA TIERRA.

¡DAMOS GRACIAS!

"CURALO TODO"

Te voy a hablar en palabras de a "puya", lo cual significa que lo vas a comprender y aprender en menos de un minuto, o sea en el tiempo que tardas en leer esto, y te advierto que está medido por el reloj.

Además te advierto que te va a encantar y vas a desear enseñárselo a todo el mundo para que sea feliz.

En el lenguaje Metafísico auténtico lo llamamos *El latino universal*, pero llámalo tú el Cúralo-Todo, porque vas a notar que te cura el mal que te esté afligiendo, bien sea enfermedad o problemas, situación, circunstancias, o lo que sea, lo cura todo y no solamente a ti sino aquello que mires en otro, como un defecto, un vicio, etc. No importa de qué se trate, no importa lo que ande mal, *El cúralo-todo* lo arregla.

Bueno, ahora vas a mirar el reloj para que sepas en cuánto tiempo aprendes el *Tratamiento*, o en cuánto tiempo lo haces. Es un *Tratamiento* y lo llamaremos "el remedio" o la medicina, como tú prefieras. Vamos, pues:

En el mismo instante en que tú te sientas mal; o en el mismo instante en que se te manifieste un problema; o sea, en el mismo instante en que lo veas en otro, *tómate el pulso*. Esto se hace colocando la yema de uno de tus dedos pulgar sobre la muñeca del brazo opuesto, tal como lo hace el médico, hasta que sientas el latido de tu corazón. Quédate unos momentos gozándolo *porque es agradable*. Este es el *Primer paso*.

El segundo paso es pensar un poquito; *¿Bien y de dónde viene a mí ese latido? ¿Qué lo produce?* Trata de contestarte esas dos preguntas tú misma, porque fíjate que tú no estás ni atado a ningún otro ser, ni estás enchufado a la electricidad, ni estás sembrado en el jardín. Eres libre e independiente y si estuvieras suspendido en el espacio, siempre seguirás sintiendo el latido de tu corazón.

El tercer paso es decir en alta voz:
"Padre Nuestro te invoco a la acción" (3 veces). Y ahora dices: *"Gracias Padre que me has oído".*

Y ahora te vas, no pienses más en la enfermedad o en el problema. Repite el remedio *Cúralo-todo* tres veces al día tal como te lo ordena el médico, ya tú sabes cuánto tiempo te toma. Espero que no se te olvide chequear en tu reloj.

No me creas . . . Sólo ensayarlo. No pierdes nada.

Si, ya sé... me vas a decir que cuántos se toman el pulso al sentirse mal y no se les quita lo que les molesta. Es auténtico. Pero nadie goza tomándose pulso, primeramente. Por lo general, lo hacen con gran temor de encontrar que lo tienen demasiado rápido. Segundo, al instante declaran con gran convicción: "*Estoy enfermo*", estoy malísimo, eso es lo que llamamos *Un decreto*, y estoy decretando no tiene más remedio que manifestarse. Eso es *Metafísica*. Pero él no sabe Metafísica.

Tercero y último. Lo que sí se le ocurre es invocar al médico y llenarse el cuerpo de cosas químicas.

La gran diferencia consiste en mantenerse tranquilo, pensar en las cosas buenas y positivas como la vida, la salud, etc. y hacer la invocación.

A las personas más adelantadas quienes ya conocen la maravilla Metafísica, le recomendamos que piensen que se latido significa vida, salud, fuerza, equilibrio, armonía, paz, etc., y que todo el mundo está recibiendo las mismas condiciones. Por eso agregamos las gracias.

OTRO DE LOS ULTIMOS BOLETINES DE CONNY

LA LICUADORA

Ustedes ya me han escuchado (o me han leído) hablándoles de "Los Cambios que se Avecinan"

Ya no es que están próximos sino que los tenemos con nosotros. Cada vez que te sientas en desagrado, en disgusto o con quebrantos en la salud, una sensación de mareos o de confusión, yo te ruego que digas de inmediato: *"Yo soy una antorcha de fuego violeta y todo lo negativo que se me aproxime es en el instante transmitido"*. Y esto lo afirmas cuantas veces puedas recordarlo diariamente y por las noches, si despiertas durante tu sueño. Es importantísimo para ti y para todo el Planeta. Voy a explicarte:

"Los Cambios" para esta Nueva Era los trae la Luz que se está derramando en todo el Planeta. Esta Luz, tú lo sabes, gira dentro de Nosotros en forma circular y en espiral, gira con tal rapidez que causa confusión. Ella es como una licuadora que tiene el propósito de desbaratar las cristalizaciones que tenemos acumuladas desde muchas vidas. Tal como se pulverizan y licúan las cosas que tú metes en tu licuadora. Por supuesto, que es maravilloso que la Luz te obligue a salir de todas las "pelotas" de odio, amargura y demás acumulaciones de energía mal usada que hay en tu subconsciente, en tu cuerpo etérico, mental y en el aura. Pero esto tiene un grave peligro y es que esa aceleración puede hacerte perder el contacto con el Cristo, ya que cuando el ser se siente mal, se olvida de su conciencia espiritual y sólo le provoca obedecer a lo que le dicta su cuerpo.

El peligro estriba en que aquellos que han practicado el "espiritismo" y la "brujería" están propensos a que les penetren entidades y de planos psíquicos, aprovechando el "bajón" en que se siente la persona. Por eso es que te alerto a que no pierdas un minuto: ¡al sentir cualquier cosa negativa, cualquier mal humor, ganas de criticar, poner atención a chismes, cualquier falta de caridad, todo es abrir una rendija (o un portón) a un plano que es imperativo mantener trancado para siempre!!!

No arriesgues el perder esta encarnación cuando ya (por el sólo hecho de conocer Tu Presencia) eres candidato a la Ascensión, ¡por

Dios!!!

Sálvate con la Llama Violeta, porque nadie se puede salvar sin Ella. Ya tú lo has comprobado. Mañana no podrás alegar "que nadie te lo dijo".

NUEVAS PALABRAS DE A CENTAVO

Las "palabras de a centavo" no son exclusivamente para los niños, ni tampoco para los principiantes. Son para recordar a los adultos Metafísicos, cosas aprendidas en sus vidas pasadas, o sea que al leer los datos les será muy familiar el contenido.

Si tú aprendiste Astronomía o Astrología, o ambas ciencias, vas a recordar muy bien todo lo que te voy a decir. Si no lo aprendiste anteriormente, será maravilloso para ti conocerlo al fin.

El Zodiaco. Ese inmenso reloj cósmico de doce Signos (doce horas) que manda en nuestras vidas, tarda en recorrer cada Signo unos dos mil ciento sesenta años. Cada hora, o Signo, representa una clase en la Verdad del Ser y la Verdad el progreso o evolución del hombre. Es el paso, por ejemplo, del Salvajismo a la Barbarie. De la Barbarie a la Civilización. De la Civilización a lo que vamos a aprender ahora, o sea, la Iluminación. El reloj da vueltas eternamente. Cada uno de nosotros ha dado muchas vueltas. Cada vez que tú terminas de dar una de las vueltas, comienzas la que le sigue pero en un grado más alto. Por eso es que unos somos más adelantados que otros.

El Signo que acabamos de terminar, como lo sabes, es Piscis, el pez. En esta "hora" del planeta Tierra, representa el hombre que está expuesto a sus emociones y tiene que aprender a dominarlas. En una vuelta anterior fuimos peces en esa hora y nos correspondió conocer la vida en el agua. El agua para nosotros los humanos simboliza el cuerpo emocional (psíquico-astral). Al hombre le es muy difícil dominar ese elemento. Las emociones son como las olas. Cualquier vientecito las alborota, los humanos de nada se ofenden, se molestan, se irritan y resisten hasta la muerte. Eso que se siente afectado es lo que se llama en metafísica "la personalidad".

La era de Piscis fue muy dura. De muchas guerras y persecuciones. Esto está *En perfecto orden divino* para que el hombre aprenda auto-control y auto-disciplina. Pero ya la gran masa captó la lección. La prueba es que Acuario ya tiene varios años con nosotros. Ya no habrá ninguna guerra mundial a pesar de que los piscianos crean que sí. Déjame aclararte que nada ni nadie puede quedarse en . . . o retroceder a . . . o prolongar algo pisciano en el planeta cuando esa era murió. Si alguno no aprovechó la lección. Si no está "al día!", tendrá que repetirla, por supuesto, tal como ocurre en las escuelas a los niños, porque la Ley de Correspondencia dice "Como es Arriba es Abajo y Como es Abajo es Arriba". La diferencia consiste en que los retardados espirituales, adultos, son llevados a un planeta más atrasado. Lógicamente no puede quedarse en el planeta que esté entrando en un Signo tan elevado como Acuario, que es para la Séptima Raza o Superhombre. Nada ni nadie, te lo repito, puede establecer algo que ya caducó en un Signo; y te lo advierto porque hay un movimiento que pretende revivir sistemas piscianos de templos y ritualismos, contrarios a la Ley de Correspondencia ¡Que el Padre los mire con Su Misericordia!

Cada Signo ocasiona una revolución de todo, vida, costumbres, modas, ideas, corrientes. Acuario es el hombre que ya sabe dominar su cuerpo emocional, pues lleva el agua en un receptáculo al hombre. La usa como él quiera. Además, a sus pies se encuentran las diferentes corrientes de la Era. El pasa por encima de ellas impertérrito. Corrientes eléctricas, electrónicas, de aguas, de ideas, nada lo perturba. Su emotividad está bajo su control.

Nuestra memoria racial no contiene nada más allá de la Era de Tauro, tiempos egipcios. A pesar de que nos quedan las pirámides, los jeroglíficos y algo muy grande que introdujo Akenatón, o sea el culto del *Unico* Dios, no sobrevivió ninguna corriente ya que desapareció la idolatría por los animales, aves, el Buey Apis.

La Era siguiente fue *Aries*, la cabra, que se convirtió en el Cordero Pascual en la Religión Hebrea. Fue la época de Moisés y Abraham. Continuó el culto del Dios Unico y Moisés reveló el nombre de Dios: **Yo Soy**, el cual permaneció secreto hasta ahora porque no se popularizó la traducción del nombre hebreo *Jehova:*

Te habrás dado cuenta de que cada religión trae dos niveles de Sabiduría o de Enseñanza. Una es moralizadora, pública, destinada a formar buenos ciudadanos, buenos padres de familia, hasta una buena ética profesional, todo lo cual dio lugar a la constitución de edificios, iglesias, templos donde se formaban "almas grupo" orientado por la fe. Se propagaba el sistema por medio de rituales, vestimentas, corales, espectáculos casi teatrales, procesiones etc., especialmente presentados para atraer a los que *"Viendo no ven y oyendo no oyen"*, como lo expresó el Maestro Jesús.

El segundo nivel de Enseñanza y Sabiduría era secreto porque se basaba en la auto-iluminación. Este no se logra sino en el **recogimiento**, en el contacto con el Ser Superior, la meditación, el **silencio**, o sea, el alejamiento del mundanal ruido. El peor enemigo **de esa auto-iluminación**, que nos habla la Verdad interiormente, es **la Personalidad**. Mientras ésta nos domine es difícil lograr revelaciones internas.

El Maestro Jesús no pudo darle los Misterios Mayores a Pedro ni los demás apóstoles por razones muy obvias: Por haber vivido tres años junto a ellos. En un momento crucial, Pedro lo negó tres veces. Judas lo traicionó y lo vendió. Los únicos a quienes enseñó los Misterios Mayores fueron a su Madre María y a Juan el Discípulo Amado. El Ascendido Maestro Saint Germain, Dios Libertad, Avatar Acuario nos ha revelado en su último Mensaje, que *El fue Juan en esa encarnación y que en San José transmigró temporalmente, para asistir y proteger a María y Jesús.*

El cristianismo esotérico que Juan recibió y enseñó a sus propios discípulos, fue formando el grupo llamado *Juanistas*, que llegó a tomar un cuerpo tal que alarmó a la Iglesia de Pedro, el cual comenzó la lucha por declarar herético todo lo que viniera por auto-iluminación.

Los Juanistas tuvieron que emigrar y refugiarse en Europa, pasando por Grecia donde originó el título griego de *Gnostikos Gnosis* significa *Conocimiento esotérico de cosas espirituales*. Llegaron a Transilvania donde a la postre se formó el Reino de Hungria, como defensa política.

La Doctrina Gnóstica Cristiana pudo sobrevivir porque el "Catolicismo" del Emperador de la Casa de Hamburgo anexó Hungría a Austria. El heredero de ese trono era *El príncipe Rakoczy, Jefe del gnosticismo Juanista y hacedor de la clave de transmutación, que le dio Jesús el Cristo a Juan el amado, como aprobación de todo el proceso de su ascensión.*

Andando los siglos, el esoterista *Rey sol Luis XIV de Francia* recibió al entonces *Príncipe Rakoczy*, *de Transilvania* y habiéndole hecho donación del castillo de Saint Germain-en-Laye, cerca de París, hizo posible que el Príncipe se presentara en la Corte de Francia con el título de *Conde de Saint Germain*, ocultando así su identidad para evitar que lo reclamara el trono de Rumania. Siempre encarnando el Espíritu de *Juan*. Su verdadero nombre era Leopoldo Juan Rakoczy.

CONTEMPLACION
SEGUN LOS ASCENDIDOS MAESTROS; LA FORMA MAS ALTA DE ORAR EN "PALABRITAS DE A CENTAVO"

La fórmula aparece en *Los Misterios Develados del Ascendido Maestro Saint Germain*, en la pagina 11 de la Versión original en idioma Inglés. Luego aparece en *Las Meditaciones Diarias* del *Bridge to Freedom*, en la página para el dia Lunes, por el Maestro Kuthumi, Maestro de la Sabiduría. Esta humilde servidora no pretende jamás, ni abreviar ni mejorar la enseñanza expuesta por los Amados Maestros. Sólo la presenta en la forma *sui generis*, ya aprobada por la Jerarquía Blanca, y como un servicio a la humanidad, ya que no se puede vender. Te ruego dejar que la copie quien la desee.

El Salmo 46 dice: "*Aquiétate y recuerda que Yo Soy Dios*". El aquietar es físico, mental y del sentir. O sea que cuando te sientas angustiado, quebrantado, molesto, tranquiliza tu cuerpo, tu mente y tus emociones. No pienses en nada. Se dice que es muy difícil no pensar en nada, pero te voy a dar un secreto "de a centavo": Cuando amenaza una tempestad, lo primero que ves es un tremendo relámpago. Ya tú sabes que tras ese rayo va a reventar un trueno ¿Y qué es lo que hace todo el mundo? Se queda inmóvil en actitud de espera hasta que estalla el tronido. Precisamente esa **actitud de espera** es el acto de **no pensar en nada**. Aprende a prolongar ese suspenso... y habrás aprendido a no pensar en nada. Te habrás aquietado como lo dicta el Salmo. No sentirás ni pensarás en nada, pero te ocurrirá algo insólito. Nos sucede a todos; y es que en ese silencio, de pronto te darás cuenta de que estas oyendo fuertemente el latido de tu corazón. ¡Como jamás lo has escuchado y sentido! ¡Por primera vez, y adrede, le has dado a Dios la oportunidad de hacerte oír por ti! Porque ese latido que ahora estás oyendo es Dios en ti. Es tu Vida. ¿Supongo que ya tú conoces "El Latido Universal?" Es la comprobación de que está vivo y moviéndose. Por primera vez en el Planeta Tierra se hace conciencia de que el corazón es el "*Templo no hecho con las manos*" que menciona *La Biblia* y es el auténtico Templo de la Nueva Era. Dios es Vida y lo estarás sintiendo y oyendo en su Templo ¡en tu Corazón!

Ahora vamos a dar el segundo paso del ejercicio. A las siete de la mañana cuando el sol esté bien visible por encima del horizonte, vete a una ventana a mirarlo de frente. No te alarmes. No es que debes clavarle los ojos porque no se puede. Es simplemente que le dirijas una ojeada. Sólo una ojeada porque no se soporta el resplandor, además de que es peligroso el forzar la vista en él. Pero es importantísimo para ti esa ojeada. Se te grabará para siempre el resplandor. La imagen del sol. Es la auténtica "Radiante, Brillante Presencia de Dios" y necesitas grabártela en tu mente. Vas a sentir el deseo de volver a mirarlo porque es fascinante ese "Manto Electrónico de la Presencia", vuelve a mirarlo tantas veces como te ocurra el deseo, pero sólo una ojeada. Basta para "centrarte en tu Presencia". Ahora, lo que sí debes hacer diariamente es irte asociando a ese resplandor que visualizas con el recuerdo; pensando en el Poder, la Maestría, la Naturaleza de tu Presencia, y poco a poco tratar de entrar todo tú en ese resplandor de Amor, Vida, Verdad, Luz, etc. diciendo *Yo Soy Eso*

Tenemos 13 billones de células en el cerebro solamente. Basta tu voluntad de que te penetre la luz para que se haga realmente. Es la forma de aceptar tu *Ascensión*. Es tu iniciación a un nivel funcional más profundo.

Te doy las palabras del Maestro Kuthumi, de las *Meditaciones Diarias*.

Amados corazones, no hagan grandes esfuerzos para ir a Encontrar la presencia de Dios. Aquiétense y encuéntrenlo en la paz de vuestro mundo sensorio. Abran los ojos y dense cuenta de que el majestuoso poder de Dios está en el latido de vuestros corazones. Ahora permitan que la radiante naturaleza de la divinidad, ardiendo a través de vuestra carne sea testigo de la convicción que enciende vuestro propio mundo, del todo poder y amor de la presencia de Dios.

Cada mañana mientras meditas sobre la naturaleza de tu presencia; el poder de tu presencia; la maestría de tu presencia, después de contemplarla por un momento, haz un pequeño esfuerzo adicional y trata de ser esa presencia solo por la media hora. Pero estén alertas al gusanillo de orgullo espiritual que a menudo en el mero centro de vuestra bella flor espiritual desea destruir su perfección.

Como te habrás dado cuenta, por encima de todo se destaca una cronología exacta en el planeta, que sigue sin desviarse la "SEÑAL DE LA CRUZ"

EN EL NOMBRE DEL PADRE, DEL HIJO y DEL ESPIRITU SANTO, en un Ceremonial íntimo pero para que lo vean todos los seres humanos; y lo tengan que obedecer ya que es un decreto que formulan a diario desde la Era de Aries; es como sigue:

El Templo de Moisés, la Era de Jehová, representa *EL PADRE*.
La Iglesia Cristiana, Era de Jesús, representa *EL HIJO*.
En la Era de Acuario, Era Espiritual, representa
El Espíritu Santo, como lo dice *La Biblia*,
El Templo "no hecho con las manos", o sea *El corazón del hombre donde mora Yo Soy Dios*.

Te has dado cuenta de que la Gran Hermandad de Saint Germain siguiendo los postulados del Avatar Acuarius, Dios Libertad, no se exhibió este año en Acción de Gracias pública, ya que la gratitud y la acción de dar gracias al Padre es la ofrenda de Amor, contemplándolo en el corazón de cada hijo, ¡*Su único templo*!

OTRO DE LOS ULTIMOS BOLETINES DE CONNY MENDEZ

¡¡ALERTA!!

Caracas, 18 de octubre de 1979

Te recuerdo lo que dice *La Biblia* respecto a que éste es el momento en que se multiplican las Sectas y los Grupos que se dicen ser "El Cristo".

Acuérdate de que el Maestro Jesús lo anunció: "Vendrán a ti diciendo: Yo soy de Pedro, de Pablo, etc".

Tú no eres sino de *Tu Magna Presencia.*

Tómate el pulso y ante el latido de tu corazón, repite: "Esto es vida, esto es Dios. . . "Yo Soy", "Yo Soy", "Yo Soy".

No te dejes amenazar. El que amenaza lo hace porque no tiene ni poder, ni maestría. Los Maestros jamás amenazan, porque saben que no hay sino LA LEY que actúa impersonalmente. Acuérdate de que DIOS manifiesta SU VOLUNTAD a través de los hechos, y que "por sus frutos los conoceréis".

Juana María de la Concepción Méndez (Conny)

POEMA A LAS MADRES

Dime: ¿Quién es aquella que siempre perdona,
Que todo lo olvida sin guardar rencor?
Ayer tus travesuras, hoy tus "locuras"
Te besa, te bendice y te llama su amor.

Ayer tus regueros de ropa, tus corotos
Hoy el mismo cuadro, ¡el baño un zaperoco!
Ella recogiendo, secando, guardando
Por ti, no se cansa de andar curucuteando.

Dormía despierta, la oreja parada
Cuando te sentía, corría alarmada
A tocarte, arroparte, porque estornudaste
Hoy, a ver si por fin ya llegaste.

A nadie le cuenta cómo la exasperas
A veces te grita que la desesperas.
¿Que a veces te grita? ¿Que te vuelve loco?
¿Y cargar contigo, te parece poco?

Hoy que eres grande, soltero o casado
"Aquello", tú sabes ¿Se lo habrás contado?
El negro secreto que guardas profundo
¡Que nadie lo sabe, nadie en este mundo!

¡Tch! Descarga tu alma ¿Vas a callar
Ante la única con que pueden contar?
¡El único ser que no te dejará
Que contra mar y viento te defenderá!

La verás jurando que todo eso es mentira
Que no fue tu culpa. Que alguien te empujó
Nada tendrás que temer de su ira
¡Porque eres perfecto y San Se acabó!

¿Que quién es esa Santa, esa Mártir Bendita
Que no busca fama, ni gloria, ni ná...?
Pues, la tuya, mía, de todos, igualita
La única que responde al nombre de "Mamá".

ULTIMO PENSAMIENTO QUE CONNY NOS DEJO

*Yo Soy por la ley del Uno,
Uno con el corazón de Dios,
Yo Soy el corazón de Dios,
en todo el centro del movimiento de las olas del mar,
y del viento que las mueve.
Yo Soy el amor de Dios, padre-madre, dulce y
tierno en todo movimiento, en todo el mar, símbolo
del cuerpo emocional del padre-madre.
Yo Soy Dios, que ahora suaviza y desvía toda
semblanza
de violencia en el corazón de la tierra y del mar*

    Gracias Padre que me has oído.

Lunes 26 de noviembre de 1979

ENTRE PLANOS (*)

Nora llevaba rato dando vueltas por el Centro Simón Bolívar, buscando el sitio por donde había entrado.

La muchacha había llegado de Nueva York la noche anterior. Venía a pasar sus quince días de vacaciones en Caracas, embullada por un folleto de viaje que, bajo el título de "Vacaciones Exóticas", describía una serie de lugares interesantes, entre los cuales Caracas aparecía recomendada por el contraste que ofrecen "sus modernos rascacielos al lado de chatísimas viviendas de un espíritu cuasi-colonial".

Nora había comprado un viaje completo; o sea que, ajustado a su bolsillo de oficinista, había pagado anticipadamente y por cuotas semanales, el precio de su gira incluyendo hospedaje.

El alojamiento en cualquier hotel de la capital resultaba demasiado costoso y la Agencia había resuelto el problema obteniendo una habitación en una casona solariega convertida en pensión de calidad por las propietarias, últimas sobrevivientes de una rancia familia caraqueña venida a menos. La casona estaba situada a corta distancia de la Avenida Bolívar.

-No he debido aventurarme a salir sin un guía la primera vez -pensaba la muchacha en medio de la avalancha de oficinistas que, a golpe de doce, salían por bocanadas de los múltiples ascensores. No era esto lo que desconcertaba a la norteamericana habituada a desenvolverse en la cotidiana baraúnda neoyorkina; sino el descubrimiento de que los meses de correcto castellano con que la Escuela Berlitz había creído prepararla, no eran adecuados para ayudarla a descifrar la jerigonza que oía de labios caraqueños, además de que sería inútil dirigirse a alguien con el fin de orientarse, ya que, seguramente, la respuesta la dejaría en la misma incógnita.

También la confundía la manera cómo la miraban en este Caracas. Los hombres la desvestían con la mirada, y en los ojos femeninos creían encontrar una franca e inexplicable hostilidad. Más tarde comprendería que la Caracas del vertiginoso ascenso a la dignidad y mérito de ser mencionada en "Vacaciones Exóticas", no había sido capaz de desarrollar con igual rapidez los modales dignos de su adelanto; y que, entre sus pequeños provincianismos, conser-

(*) Hemos querido agregar a este "*Reencuentro*" como epílogo, un cuento inédito de Conny Méndez escrito en 1958 que también tiene un toque "*Metafísico*".

vaba aún el no saber curiosear con disimulo.

En su búsqueda, Nora subió unas gradas y desembocó frente al Teatro Municipal. El sol de las doce la encandiló, obligándola a cerrar los ojos por unos minutos. Cuando los abrió notó con sorpresa que había una notable diferencia entre el ambiente en que se hallaba, y el que acababa de dejar. Recordó la recomendación del folleto y lo que la había inducido a venir aquí.

En contraste con la estructura y la precipitación moderna, tenía frente a su vista una plazoleta empedrada, apacible y silenciosa. Mirando hacia el Norte, una iglesia muy antigua, y formando ángulo con ésta, mirando hacia el Este, una gran casona colonial. Las pesadas ventanas abarrotadas en hierro, y el escudo al relieve sobre la entrada, le recordaron la Pensión.

-¿Será posible que con todo lo que he caminado y, he estado todo el tiempo tan cerca?

Se dirigió hacia el portalón que se hallaba entrejunto. El calor del mediodía caraqueño la había bañado en sudor y llevaba la blusa pegada a la espalda. La fresca penumbra del zaguán era un oasis que la invitaba a entrar. Nora empujó la puerta claveteada en bronce y avanzó hacia el entreportón, por cuyas rendijas pujaban listas de luz matizada con verde de palmeras. Adentro se oía un chorrito cantarín que alternaba con algarabía de pajaritos.

Nora golpeó la puerta con los nudillos, primero discretamente y luego con mayor y mayor fuerza, a medida que pasaba el tiempo y nadie atendía. Le extrañaba el profundo silencio de la ciudad, roto únicamente por el cuchillo de palmeras, agua y aves. No sentía prisa por entrar. Era grata la sombra perfumada con jazmines y albahaca, y el contacto de su espalda acalorada con el frescor de la pared.

Se había entretenido mirando el curioso diseño de huesitos que pavimentaba el zaguán, cuando algo la obligó a mirar hacia la rendija, entrepuertas ¿Se habría ensanchado? Mirándola fijamente se dio cuenta de que, sin duda alguna, se abría milimetro a milímetro... hasta dejar asomar unos deditos muy nudosos, muy arrugados... al poco apareció un ojo muy redondo, muy abierto, escudriñando la sombría vaguedad del saguán.

Nora decidió acercarse para tranquilizar aquel ojo escrutador y asustado.

—Soy yo —dijo—. Soy Miss León. Yo vivo aquí.

El ojo se abrió aún más y después de examinarla detenidamente, pareció decidido a aceptarla. La puerta se abrió dejando ver una viejecita mulata, muy pequeñita, vestida de blanco muy almidonado. Dando un último empujón, con todo cu cuerpecito, a la pesada puerta, lanzó, al mismo tiempo, un llamado hacia el interior de la casa.

"¡Soledá! ¡Qué ya tá aquí la Misita Leonor!"

De allí en adelante, en un incesante vaivén acompañado por una charla menuda y chisporroteante, injerto de periquita con mariposa, iba impulsando a Nora hacia adentro.

—"Benga, benga, benga. ¿Por qué taldó tanto? ¡Jesú! ¡Mírala cómo viene, sudando! ¡Qué irá a decí Don Antonio! ¡Que Manuelita no se ocupa de la Niña! ¡Y ese piazo é Evarijto! ¡Po qué no la trajo endenante? ¿Qué taba tú jaciendo? Apuesto que montando a caballo! ¡Ande pué-e-e-e-g-j?

Sin comprender una palabra de aquel burbujeo de sonidos, que a su oído se fundían los unos en los otros, Nora se sentía incapaz de interrumpir, y menos de resistir ante aquel trepidante tucusito. Vacilaba entre el temor de haberse equivocado de casa y la sospecha de estar presenciando, tal vez, alguna costumbre extraña de este extraño país que apenas comenzaba a conocer. Era indudable que la casa le lucía distinta, y pensó: "Será porque la conocí de noche y la estoy viendo de día". Tampoco recordaba haber visto a esta viejecita quien, evidentemente, la había estado esperando, a pesar de haber tergiversado su nombre de Nora León en Leonor.

Esta se encontraba recorriendo sucesivamente anchos corredores en arcadas, grandes patios en los cuales se disputaban prioridad una abigarrada profusión de plantas, arbustos, palmeras, kioscos, frutos y flores.

Por las puertas abiertas veía dobles y triples filas de salones, galerías y habitaciones, camas columnadas, pesados armarios, nobles sillones, arcones y retablos. Al fin entraron a un pasadizo terminado por una puerta de reja tallada, y Nora presintió que había llegado a término, o por lo menos a donde la quería llevar la viejita.

Al pasar la reja, lo que vio la joven fue una réplica, en miniatura, de lo que acababa de recorrer; o sea que, bordeando un patiecito había cuatro corredores con sus correspondientes habitaciones. El patiecito estaba totalmente ocupado por un estanque, llano y rebosante de agua cristalina. Nora lo juzgó una piscina infantil. Por los cuatro pilares esquineros trepaban enredaderas de *Bellísima* blanca que, enredándose hacia el centro y encima del baño, en forma de palio florido, dejaban caer un constante goteo de capullitos blancos que flotaban sobre el agua.

La prisa de Manuelita no permitió que Nora se detuviera a contemplar. La obligó hacia un vestidor en donde todo hablaba del mimo y el lujo con que una gran fortuna rodeara a una hijita adorada. Le quitó la ropa, la secó muy bien y le ordenó entrar en el agua.

-¡Apúrese, Misita Leonor Mijita! ¡Ay, Dios mío! ¡Qué irá decí Don Antonio! Er que le gujta su armuezo a laj doce! Debe sé casi la una . . .

-¿Qué ba a decí mi amo, vieja guacharaca?-interrumpió una voz de viejo negro que venía del lado más allá de la reja. Nora volteó alarmada al oir una voz de hombre tan cerca de su desnudez.

-Mira viejo reberde!. . . ¿Cuántaj vece te tendré que decil que te bayaj de áí? ¡La Niña tá muy grande pá que la tej bigilando! Conti máj que a ella no le gujta ¿Tú no comprende que no é **correlto?**-. La vocesita se quebraba en los énfasis.

-Lo que digo -insistía el viejo esclavo- é que mi amo no ha guerto abrí la boca ni pá comé, desde que se jué mi amita Rosario ¿Si tú lo sabej, pá que taj carrato preguntando "¿Qué ba decil, qué ba decil?" ¡Ojalá se pona bien bravo, abé si dice **argo!**

Manuelita, esponja en mano y los brazos en jarras, le lanzó un último "¡Sape!" antes de proceder a enjabonar la espalda de Nora.

-**Yo** no sé -refunfuñaba el viejo alejándose por **el** pasadizoo-, pero si argo le pasa a la Niña. . . que no se ponan a decil que Soledá pacá y Soledá pallá. . .

-¡Jesulampare!-continuaba gruñendo Manuelita mientras estrujaba y enjuagaba-. ¿Qué maj le pué pasá con tanta gente que la cuide?. . . Ameno que Evarijto la deje caé der caballo. **¡Inj!** Anger de la Gualda, sojténla!

En su vida de muchacha **norte**americana acostumbrada a

ganarse la vida, aunque bien remunerada en su situación de secretaria de un magnate publicista, Nora no había jamás gozado el lujo de tan íntima atención. Sin embargo, no le era extraña la sensación... casi podría asegurar que en otro tiempo y en otro lugar... vagamente experimentado, había jugueteado así... con capullitos blancos caídos de arriba, mientras su cuerpo era atendido por manos ajenas.

-¿Será que aquí, como en el Japón, se acostumbra a bañar la gente antes de comer?,-pensaba, y recordando lo que había leído respecto a las costumbres japonesas, no atendía mientras Manuelita la secaba, la friccionaba y empolvaba; y sólo regresó al presente cuando sintió que por la cabeza le pasaba algo menos frívolo y más pesado que los finos interiores de lino irlandés que ya la vestían.

Levantó la mirada hacia un espejo, y éste le devolvió su imagen trajeada en una amplia batida de muselina blanca, larga hasta los pies, muy recogida bajo los brazos y el pecho, y prendido al descote un lazo negro a largas bandas.

En los pies calzaba suavísimas zapatillitas de cerda negra con suelas de felpa.

Manuelita la estaba peinando con raya al centro, modelando sus largos cabellos castaños en dos medios-bucles que, luego de enmarcarle la cara, se replegaban hacia la nuca.

La estilizada "americana" de la corta falda sastre, la blusa de cuello varonil y los y los espigados tacones de patente había cedido el lugar a esta recatada y femenina criatura en indolente y rico marco colonial. Nora se iba reconociendo con agrado.

-Ya tá, **Misita Leonor**, Bámo que Don Antonio tá sentáo en la mesa, Mentra uté armueza yo recojo esa pile cosaj raraj que traía puejta. ¿Qué dijera mi Señá Rosario si viera eso? ¡Dioj la tenga en su Gloria! ¡Inj! ¡Si traía laj camillaj pelá ¡Y er fujtán como Santa dejvejtía! Yo no sé. . .

Intrigada por lo que consideraba ser extrañas costumbres venezolanas, y recordando que había venido a Caracas precisamente a conocerlas, y a gozarlas, se preguntaba si ahora Manuelita la llevaría a su cuarto. Al cuarto en donde había estado durmiendo hasta tarde esta mañana, que, por no perder ni un solo minuto de sus vacaciones, se había ido sin desayuno a recorrer la ciudad.

Siguiendo a la viejita por pasillos y galerías, su andar habitual, de trote seguro y desenvuelto, se volvía reposado y cimbreante con el suave pisar de la felpa. Su aire un poco petulante y frío, de mujer que se sabe bastar a sí misma en el mundo insensible de los negocios, se tornaba candoroso y cálido con la gracia que le prestaba el vaivén ondulante de la muselina, que, con cada paso, acariciaba sus tobillos.

Manuelita la detuvo ante una puerta abierta. Tras de ésta se extendía una habitación oscura. Tan oscura que, al principio, Nora no distinguía nada. Traía las pupilas llenas de luminosidad exterior. Dio unos pasos hacia dentro para acostumbrar la vista. Era un comedor. Parecía que al sol le hubiera sido terminantemente prohibido entrar allí. La única luz permitida era la de un macizo candelabro que sostenía un negrito esclavo, de pie al lado de la mesa. Esta, vestida con sedoso mantel de Damasco crema, reflejaba en plata y cristal la luz amarillenta de las velas.

A la cabeza, estaba sentado un señor anciano., El fondo de oscuridad destacaba su cabello blanco que le caía hasta el borde de un alto cuello negro. Su cara era delgada, sus facciones muy fina, y los ojos color de miel rubia, hondamente encajados en las órbitas, que miraban fijamente a Nora.

Adaptada ya su vista, la muchacha se dio cuenta de aquella mirada luminosa y sintió un ligero escalofrío. Sin poder desviar sus ojos de los del anciano, se encontró avanzando hacia él. A mitad de camino comenzó a sentir un zumbido en los oídos. Allá lejos, detrás del zumbido, había voces que decían cosas confusas. De pronto, una se distinguía por encima de las de las demás, y Nora oyó que decía: "Cianuro... Cianuro..." Un olor a almendras amargas impregnaba el ambiente, y Nora tenía la extraña sensación de haber vivido ya algo semejante.

Al llegar al lado del anciano sintió apagarse su facultad auditiva como si se hubiera sumergido en el agua. Cesó el zumbido. Como si se hubiera alejado y vuelto a acercar, sintió que había dejado algo de ella misma a extramuros de su conciencia. Un súbito impulso de ternura la hizo inclinarse y besar la frente del anciano, y se oyó decir en perfecto castellano:

-La bendición, Papá Antonio.

Nora se sentó a la mesa. Después de un pequeño silencio que

duró el tiempo de servirse de la sopera que le presentó un esclavo, comenzó a conversar con naturalidad de lo usual y corriente.

-¿Sabes lo que pasó, Papá Antonio? Evaristo ha tenido que embozalar a Ronco porque le ha dado por perseguir las gallinas y matarlas.

Don Antonio la escuchaba con atención, pero sin responder palabra, y apenas probaba la comida. La joven continuó como si no esperara contestación.

-No me gustó nada la silla de montar que me encargó tío Vicente. Tiene un cacho por detrás empinado hacia adelante. ¿Qué especie de disparate es ése?.

El esclavo retiraba el plato vacío, y otro esclavo le presentaba una bandeja de pimentones delicadamente dorados y humeantes. La norteamericana hubiera vacilado ante un plato, para ella, extraño. La venezolana le inspeccionó con aire conocedor y se sirvió dos.

-Tía Carmela dice que es la nueva montura inglesa, para enseñar a tenerse derecha. Pero, yo no necesito de eso ¿verdad, Papá Antonio?

La pregunta, una simple formalidad, quedó sin respuesta como la anterior. Leonor se llevó a la boca la copa de vino que acababa de servirle Soledad, y al llegarle a su olfato el aroma seco del exquisito Pomerol, la característica evocadora de los aromas la transplantó de lleno al restaurant *Chambord* en Nueva York. Levantó una mirada estupefacta hacia Soledad, luego paseó la mirada por todo el comedor, y después mirándose su cuerpo y sus ropas, se preguntó:

-Pero. . . ¿Que estoy yo haciendo aquí? ¿Y vestida así?

Buscando una respuesta miró a Don Antonio, y. . . se encontró la mirada color de miel clara, fija en ella. Comenzó a escuchar el zumbido. . . las imágenes empezaban a desajustarse como vistas a través de un vidrio defectuoso. . . pero el vértigo aquel no continuó. De pronto se encontró de nuevo en la casa. Con una diferencia. . . Ya no estaba en el comedor.

Desde el gran marco dorado, un poco velado por una niebla

blancuzca, la linda señora del traje blanco y el aderezo de granates, la miraba con una profunda tristeza, y también con algo como una súplica atormentada. . . pero la niebla se iba espesando y ocultando el cuadro. . .

Alguien la estaba estrechando entre sus brazos como si quisiera incrustarla en su pecho. Alguien que sollozaba con infinito desconsuelo. Nora se oyó protestar:

-¡Pero, Mamita! ¡Si yo no quise hacerte llorar! Cuando yo me fui... Bueno, no nos vimos más y yo no te podía contar. . .

De pronto se le hizo imperativo referir lo que estaba recordando. Sentía que la oportunidad era única, y que de no aprovecharla los resultados serían fatales. Rápidamente comenzó a hablar sin detenerse:

-¿Sabes el cuarto donde Papá Antonio guardaba los remedios? ¿Dónde a mí no me dejaban entrar y siempre lo tenían cerrado con llave? Un día lo encontré abierto y entré muy calladita. Me puse a destapar y a oler todos aquellos frasquitos azules que estaban en la alhacena chiquita. Había uno que olía sabroso. Olía al turrón que tía Carmela nos regaló en la Navidad y que me hizo daño, ¿te acuerdas? Tú me prohibiste no comerlo más nunca, ¿recuerdas? Papá Antonio dijo que me hacía daño para el hígado y me mandó las gotas aquellas que se llamaban *Ruibarbo*, y que eran tan malucas ¿Tu te acuerdas, verdad? Bueno. Yo me robé ese frasquito azul, vacié la botellita de *Ruibarbo* en la tierra de mis enredaderas blancas, y la llené con lo que había en el frasquito azul. Y yo me moría de risa acordándonos que dentro de un rato tú me vendrías a dar las gotas para que las tomara, y que tú ibas a creer que eran de *Ruibarbo*, y que yo te lo iba a decir cuando....

No pudo continuar porque el zumbido lo ensordecía y una voz gritaba ¡"Cianuro! . . . ¡Cianuro!. . . ". Y en su boca había un sabor a almendras amargas. . .

De pronto, tan repentino como el pitazo de un tren, un grito desgarrador estalló en el espacio. Algo inhumano y torturado más allá de lo soportable, seguido por una fuerte detonación que sacudió la casa, traspasó el zumbido, acalló las voces y la paralizó del terror. Comenzó a gritar y quiso saltar a correr, pero sus pies eran de plomo. No le obedecían.

-¡Mamita! ¡Mamita! -gritaba en medio de una niebla negra que comenzó a invadir ante sus ojos-. ¡Yo no quise hacerte llorar! Lo hice para que nos riéramos tú y yo... estallaba en llanto y desesperación cuando comenzó a disiparse la niebla y a tornarse blancuzca.

La linda señora del traje blanco y el aderezo de granates la miraba desde su marco dorado. Pero esta vez sonreía. Sonreía... y había en sus ojos una expresión de infinita ternura y profunda gratitud. La niebla continuaba aclarándose y desvaneciéndose. Pronto, ya era luz. Una luz que se iba haciendo fuerte y le molestaba en los ojos. Le molestaba en los ojos. Le moles... Tapándose los ojos con las dos manos, y haciendo un gran esfuerzo, Nora se incorporó.

-Ojalá! ¿Ya se siente mejor?

La muchacha abrió los ojos. Era el sol de las doce que le brillaba en plenos ojos y la cegaba. Se encontró rodeada de caras desconocidas, y un joven, en cuclillas, a su lado, le tomaba el pulso.

-Pero... ¿y dónde estoy? -preguntó Nora en su idioma y con aire atontado.

-En la acera de la Torre Sur, del Centro Simón Bolívar, señoritas. En Caracas, Venezuela. El joven comprendió su pregunta y le contestó en español.

-Y ¿cómo vine yo aquí, si yo estaba en esa casa? -preguntó Nora en su castellano de la Escuela Berlitz, lento, inseguro, y con acento inglés.

-¿En cuál casa? -indagó el joven.

Nora se puso de pie sin ningún trabajo, y volteándose, señaló hacia la esquina. El grupo de curiosos que la rodeaba, comenzó a sonreír, ya que el sitio hacia donde la muchacha señalaba, no reveló otra cosa que la calle. El pavimento y las aceras de la calle.

La joven presentía que hacía el ridículo, y con voz firme y aire seguro le hizo al joven una descripción completa de lo que había visto al ella salir del Centro Simón Bolívar. La plazoleta, el templo antiguo al sur y las gran casona formando ángulo recto con la iglesia. Esperaba que alguno de los presentes reconocería el sitio por la descripción, y la conduciría a él.

-Yo creo, señorita, -le dijo el joven- que usted ha sufrido un síncope o un ataque de amnesia. Usted acaba de caer privada aquí en la calle. Todos los presentes la vimos caer. No habíamos tenido tiempo de llamar la ambulancia cuando usted abrió los ojos.

Tras de un pequeño silencio de perplejidad, un señor de anteojos y cabello gris, se abrió campo entre los curiosos y se acercó a Nora.

-Discúlpeme, señorita ¿No será que usted ha leído en alguna parte eso que ha descrito? Porque, es verdad que aquí en donde nos hallamos parados existió hasta hace pocos años, la plazoleta de San Pablo, la cual tomó su nombre de una iglesia que había en ellas la iglesia de San Pablo Ermitaño. Esa iglesia fue derribada hace mucho tiempo, para construir el edificio que usted ve allí, y que es el Teatro Municipal.

Siguiendo el gesto del señor, Nora y con ella todo el grupo de curiosos, voltearon a mirar la fachada del teatro que se elevaba en la acera al frente.

Luego con tono cortés, aunque algo compasivo, el señor agregó:

-Pero, señorita. . . de eso hace cien años!

Numerología
22
11

INTRODUCCION

La Numerología fue otra de las prácticas a las que CONNY MENDEZ se dedicó, por la relación que existe entre esta y la metafísica.

Aquí les brinda este tratado de Numerología.

NUMEROLOGIA

1- Deseo anímico o el ideal (deseo profundo del alma. Esto es lo que el Yo Superior desea que uno haga).

2- Ser Latente o Expresión.

3- El sendero de mi vida.

La expresión o Ser Latente es la suma de tus capacidades naturales, o sea aquello que expresas más fácilmente, por causa de las vibraciones de tu nombre. Aquí está incluido el tipo de trabajo en que uno se encuentra más cómodo, posibilidades y talento).

Si la suma de todas las letras, o sea, el número de la expresión final está en armonía con el ideal y la fecha de nacimiento, no se tendrá dificultad en elegir nuestra verdadera vocación en la vida.

Los números tienen tres grados de comparación:

| BUENO | MEJOR | OPTIMO |
| MALO | PEOR | PESIMO |

Para los metafísicos son:

CONSTRUCTIVO   NEGATIVO   DESTRUCTIVO

A nosotros se nos dan los números, nosotros escogemos el aspecto: nuestros números tienen el poder de ayudarnos si elegimos vivir vidas constructivas; porque nos muestran su lado negativo si nosotros nos aflojamos, o sea, no nos ocupamos sino que nos dejamos llevar.

CONSTRUCTIVO	NEGATIVO	DESTRUCTIVO
	-1- (Unidad)	
Creatividad, originalidad, independencia, valor, progreso, ambición, positividad, fuerza de voluntad, liderazgo, pionero, actividad, fuerza.	Pereza, imitación, dependencia, egoísmo, inestabilidad, egocentrismo, debilidad, temor, estancamiento, testarudez, contrariedad, echonería, jactancia.	Tiranía, monomanía, iconoclasmo, antagonismo, patán, ego a toda costa, patanería.
	-2- (Dualidad)	
Amor, servicio, suavidad, armonía, adaptabilidad, encanto, diplomacia, amistad, ritmo, música, receptividad, cooperación, consideración por los demás.	Vacilación, apatía, indiferencia, timidez, subestimación, susceptibilidad, cobardía, adulancia, enfurruñada, descontenta, flojedad, negligencia.	Engañador, disociador, mal humor, crueldad, cobardía, intrigador, mentiroso, pesimista.
	-3- (Trinidad)	
Expresión artística, alegría de vivir, libre de preocupación, optimismo, inspiración, talento, imaginación, buen gusto, sociabilidad, cordialidad, bondad.	Diletantismo, (demasiada afición a algo) quejumbroso, crítica, negativa, chismografía, extravagancia, vanidad, trivialidad, superficialidad.	Celos, hipocresía, despilfarro, intolerancia, maluqueza.
	-4- (Ciudad Cuadrada estabilidad)	
Funcionalidad,	Estrechez, rutinario,	Vulgaridad, animali-

práctica, servicio, paciencia, exactitud, organización, aplicación, devoción, patriotismo, conservador, pragmatismo.	exigencia, represión, minuciosidad, penuria, pesadez, dogmatismo, crudeza, brusquedad, rigidez, severidad, inflexibilidad, obtuso, lerdo.	dad, odio, violencia, celos, inhumanidad, rechazo, destrucción, crueldad.

-5- (Libertad)

Libertad, progreso, versatilidad, comprensión, variedad, adaptabilidad, curiosidad mental, experiencia de vida, habilidad, libre de ataduras, sociabilidad.	Irresponsabilidad, morosidad, atolondrado, inconsistencia, sensacionalismo y mal gusto.	Libertinaje, perversión, abuso de libertad, sensualidad, vicio, (trago, drogas).

-6- (Plano Familiar Orden)

Amor, armonía, hogar, responsabilidad, ajuste, talento musical, compasivo, afinidad, comprensión, domesticidad, protector, estabilidad, balance, aplomo, equilibrio, sanador, firmeza, idealismo, sensatez, justicia, servicio a la humanidad, Cirineo.	Ansiedad, preocupación, entrepitud, trajín, lástima, ideales equivocados, interferencia, convencionalismo, orgullo, engreimiento, esclavitud al trabajo (trabajar sin ganas), abatimiento.	Cinismo, egotismo, egolatría, sospechoso, suspicacia, celotipia, esclavitud, tiranía doméstica.

-7- (Plenitud en la materia)

Análisis mental,	Melancolía, ma	Infidelidad, tur

técnica, introspección, paz, aplomo, búsqueda científica, espiritualidad, fe, confianza, estoicismo (aguantar sin queja), refinamiento, sabiduría, silencio, teorías, y bases fundamentales.	chacador, sermoneador, sarcasmo, frialdad, lejanía, escepticismo, aislamiento, huraña, confusión, desorientación, humillado, nerviosismo, erraticidad.	bulencia, ebriedad, malicia, supresión, engaño, robo, trampa, taimería.

-8- (Reciprocidad, Dar y Recibir)

Poder, autoridad, éxito, libertad material, juicio, discriminación o saber escoger, habilidad ejecutiva, organización, liderazgo, director, practicalidad, cabalidad, digno de confianza, seguridad personal, control y el poder de triunfar.	Esfuerzo, excesivo, dureza, materialidad, ambición de sí mismo y monetaria, exigencia de que se le reconozca, intolerancia, preocupación, maquinación, amor al poder, descuido, impaciencia, juicio erróneo, falta de criterio, energía malgastada.	Patanería, abuso, venganza, opresividad, injusticia, crueldad, inescrupuloso.

-9- (Yo Superior).

Amor Universal, hermandad, fraternidad, caridad, compasión, la Ley Superior, genio artístico, servicio desinteresado, filantropía, humanidad, magnetismo, compasividad, simpatía, comprensión, romance,	Emotividad, egocentrismo, sentimentalismo, disipación de fuerzas, indiscreción, impracticabilidad, veleidad, sueños sin ningún propósito, inconstancia.	Libertinaje, inmoralidad, vulgaridad, amargura, tétrico.

generosidad y amplitud de criterio.		
	-11- (Cumplimiento con el Espíritu)	
Intuición, revelación, invención, poesía, arte, espiritualidad, fuego, celo constructivo, idealismo, evangelismo, martirio, exhortación e inmaterialidad.	Sin propósito pasa de una cosa a otra movilidad, falta de comprensión, fanatismo, superioridad imposición de la voluntad, idealismo personal (Véase el 2 Negativo).	Miseria, avaro, degradación, deshonestidad, satánico, bandido
	-22- (Cumplimiento en la Materia)	
Poder en todos los planos, idealismo, practicidad, dirección internacional, elevación universal, el maestro material.	Promoción (trucos para enriquecerse rápidamente), hablador, complejo de inferioridad, servicio hecho de mala gana, indiferencia (véase el 4 negativo).	Depravación, magia negra, crimen.

Los números 11 y 22 son los números maestros.

Cada número del 1 al 9, 11 -22, cabe entre 1 y 9; nueve es el ciclo del hombre, el micro-cosmos o pequeño universo, porque del 1 al 9 están incluidas todas las experiencias de que son capaces. El 9 es la raíz cuadrada (hombre) de la Trinidad (Dios).

El 10 se reduce a 1 pero está en un plano más alto porque marca el regreso a la unidad de la cual se desprenden todas las cosas. Cuando en numerología nos encontramos con un 10, lo reducimos a 1. Pero hay dos números que no se reducen que son el 11 y el 22 que son los números maestros que no pertenecen al nivel del 2 y del 4. Todo el que posee estos números en su nombre o en su fecha de nacimiento deben saber que están dotados con cualidades de líder o inspiración que no son dados a la mayoría. La misión de estos dos números cada uno en su propio ángulo es el servicio desinteresado por la humanidad; les son dados únicamente a las almas viejas cuyas experiencias las han capacitado para ser líderes y maestros. Son números de alta tensión y gran poder, difíciles para cumplir con ellos por sus requisitos estrictos.

El 11 es el místico, el soñador, el visionario impráctico. Vive en las nubes y recibe sus ideales y visiones de los altos planos, generalmente es clarividente aunque no siempre se da cuenta de que lo es. Tiene poder para darle al mundo una revelación por la cual puede o no recibir una recompensa en la tierra. Si él no busca nada para él mismo y dedica su vida al servicio a la humanidad, es posible que gane gran fama, ya que la vibración del 11 es eléctrica y de largo alcance. si busca el escenario para su propia glorificación será golpeado por su propio relámpago. El 11 tiene poca consideración por el tiempo, lugar, compromisos, la hora, ya que vive en las nubes, donde esas cosas responden a un ritmo diferente al nuestro. El 11 es demasiado impráctico para ser un buen compañero diario, pero es el maestro, mensajero y vocero de los Dioses.

El 22 es el idealista práctico que ha visto la visión del 11 y tiene el poder de traerlo al uso tangible en beneficio de la humanidad. El es el maestro material que concibe grandes planes, proyectos y logra grandes resultados. Debido a la vibración tan alta de estos dos números (22 y 11) se sabe que han causado locura en aquellos que no tienen el equilibrio suficiente para manejarlos. Nunca se reducen el 11 y el 22 cuando aparecen como resultado final del ideal, de la expresión y del sendero de vida cuando ellos caen en medio de las cuentas y forman parte del total, se suman los dígitos separados solamente por conveniencia, pero no se pierda de vista su presencia, ni se olviden sus cualidades.

CLASIFICACION GENERAL DE LOS NUMEROS

Los que tienen la mayoría de las letras en EL UNO, han venido con el propósito de individualización, creación, ser pioneros, poderse expresar, son separatistas y a menudo egocentristas. El lema de ellos es MIO. Los que tienen la mayoría de las letras bajo LOS MUCHOS incluyen su propia familia, su comunidad y su país. Trabajan con las masas sin separarse de ellas, tienen el sentido de responsabilidad que se extiende más allá de su YO. El lema es NUESTROS. El 7 aunque separándose del mundo de la forma todavía se considera entre los muchos en conexión con "teorías y bases fundamentales", pero el 7 permanece como un puente entre los dos. Aquellos que están bajo LOS TODOS aman a la humanidad en primer término, luego a la familia y a la comunidad más impersonalmente. No hacen distinción de razas ni credos, sirven y viven para el bien de todos, el lema de estos es VUESTROS.

EL UNO			LOS MUCHOS				LOS TODOS			
1	2	3	4	5	6	7	8	9	11	22
A	B	C	D	E	F	G	H	I	K	V
J	K	L	M	N	O	P	Q	R		
S	T	U	V	W	X	Y	Z			

COMO ENCONTRAR EL IDEAL

Las vocales son el alma del lenguaje. Las vocales en tu nombre dan la vibración de tu deseo del alma o ideal. La **K** onceava letra del alfabeto y la **V** vigésimosegunda letra tienen el valor de 11 y 22 respectivamente, números maestros que se quedan sin reducir. Se suman las vocales aparte de las consonantes para descubrir la vibración de alma. Se suman las de cada nombre y se reducen a un solo digito los números de esas vocales. Más tarde tu querrás saber que clase de dígitos tienes al final, o sea, lo que hay por detrás de ese digito o lo que contiene y entonces se verá la suma de cada nombre por separado. Pero hasta el momento en que estés familiarizado con el significado de los números, considera únicamente los dígitos finales. El resto vendrá después más fácilmente. Te sorprenderá lo que los números te dirán sobre ti misma, lo que ya tu sabes, lo que sospechabas y lo que siempre deseabas que fuera verdad para descubrir el ideal.

No. 1 (ideal)

Desean dirigir, ser guías, lideres, relacionan todo con ellos mismos. Prefieren trabajar solos o con inferiores. Se sienten orgullosos de sus habilidades y quieren que por ello se les alabe. Buscan oportunidades para lucirse. Desean crear y ser originales. Quieren entenderse sólo con las cosas más importantes de todo dejándole los detalles a los demás. Quieren sentir con su consorte, sus hijos, su hogar sean prestigiosos para ellos. Que su familia los honre. Quieren dominar cualquier situación en que se encuentren. No son muy emotivos y el amor no es muy necesario para su felicidad. Son capaces de grandes logros, son leales en la amistad, estrictamente justos en los negocios, lideres seguros, un poco echones, ególatras, criticadores, impacientes en las menudencias? Todos los No. 1 necesitan cultivar la bondad y el interés humano.

No. 2

Quieren y necesitan amor, la sociedad y la compañía,

quieren trabajar para los demás y juntos con ellos. Desean armonía y paz. No les importa no brillar, quieren holgura y confort sin exigir fortuna ni lujo. No son ambiciosos, no insisten en el reconocimiento de sus derechos ni de su punto de vista. Son bondadosos, considerados, son pacificadores y diplomáticos. Atraen cantidades de amigos, aún aquellos que son enemigos mutuos, guardan todos los secretos, los propios y los demás. No son demasiados francos por temor de causar desdicha, son muy sensibles y emotivos, se enamoran fácilmente y lloran con frecuencia, son indulgentes y delicados, se dejan embaucar fácilmente, no tienen tendencia a la disciplina para ellos ni para otros. Bonachones, armoniosos, cariñosos, aman todas las cosas rítmicas y musicales, no piensan en la puntualidad ni rigidez. Se contentan con poco, son a menudo estudiosos acumulan mucha sabiduría, atraen muchas cosas hacia ellos, las absorben fácilmente. Los No. 2 necesitan cultivar firmeza de propósito, necesitan definirse.

No. 3

Quieren dar alegría, dicha y felicidad. Quieren derramar su amor, actividades, energía y talentos, quieren popularidad y muchos amigos, quieren belleza en todos sus contornos? Nunca se preocupan ni permiten que la depresión los domine. Toman la vida como ella se presenta y se ríen de la decepción y el fracaso. Relacionan todo en la vida con lo emocional, pero nunca trágicamente. Nunca se conduelen por errores de matrimonio, de amor o de negocios; ellos vuelven a ensayar. Nunca piden más de lo que encuentran, siempre están interesados, entretenidos. Siempre artísticos y expresivos; les encanta recibir y que todo el mundo se divierta. Aman a los niños y animales domésticos. Aman cortejan aunque no son infieles. Hacen de la vida un juego. Todos os No. 3 necesitan cultivar CONCENTRACION Y PACIENCIA.

No. 4

Quieren respetabilidad y solidez, quieren servir y ser una roca de seguridad, siempre están dispuestos a sacrificarse para que otros se beneficien; son disciplinados hacia él y otros. Aman su hogar, su familia y su país. Les gusta que le estipulen trabajo que deben hacer y hacen exactamente lo que se les encarga. Condescienden ante su superior, su conciencia y tradición. No les agradan las innovaciones. Aman el orden y la regularidad. Son constantes, fieles y seguros. Necesitan y quieren mucho amor pero a menudo lo rechazan por su propia austeridad. Odian la pretensión y la insinceridad. Son detallistas y metódicos. Tienen gran orgullo familiar y de las convenciones. Los No. 4 necesitan cultivar AMPLITUD DE CRITERIO Y EL DESHACERSE DE LO CADUCO.

No. 5

Quieren la libertad personal en todas las direcciones. Quieren cambio, variedad y constantes nuevas oportunidades. Un permanente volver a empezar. Quieren saber de la vida en todas sus fases. No los molestan ni las convenciones ni las ideas ajenas. Aman los placeres, viajes, deportes, artes, ciencia, música, idiomas. Odian esperar y quedarse. No pueden someterse a la rutina o a detalle. Aman la gente extraña, las caras, cosas y lugares nuevos. Son progresistas intelectuales, emotivos versátiles y a menudo espirituales. Se adaptan a cualquier condición, país, o clase de gente, inyectan nueva vida a todo lo que tocan y siguen adelante sin detenerse con rapidez. Necesitan muchos y variados intereses. Luz del sol y multitudes. se deshacen fácilmente, no se atan a nada. Toman las responsabilidades o nada (no les gusta). Los No. 5 necesitan cultivar LEALTAD, PACIENCIA Y FIRMEZA DE PROPOSITO.

No. 6

Quieren responsabilidad, amor constante, hogar, domesticidad, raíces son buenos consejeros y amigos leales. Es un refugio y un asilo para aquellos que necesitan consuelo o abrigo. Se inclinan al convencionalismo, pero tienen la mente amplia y son comprensivos. Aman la holgura, el confort, la belleza, la música y la armonía. Son artísticos, amables y comprensivos. No tienen ambición de hacerse un gran nombre. Quieren corregir y ajustar todo lo que marcha mal y la vida de todos. Son una especie de padre cósmico o guardián. Tal vez fue el inventor del dicho: DEBERIA HABER UNA LEY QUE SE OCUPARA DE ESO Son buenos jueces cuando sus emociones no están demasiado involucradas en el asunto. Centran su vida en su casa y sus seres amados. Aman trabajar con los demás, nunca solos, les gusta la alabanza las gracias, pero rinden servicio

con gusto. Los No. 6 necesitan cultivar firmeza para balancear sus **emociones** y su juicio. UNA ACTITUD MENOS PERSONAL.

No. 7

Desean silencio y paz para vivir su vida interior. Quieren poder meditar su sueño de perfección. Detestan el ruido, el bullicio, la confusión del mundo de los negocios, son poco comprendidos porque son muy retraídos y solitarios, detestan lo nuevo, lo repentino o efímero. Aman los viejos jardines, cuadros, muebles, patinados por el tiempo. Detestan ensuciarse las manos o establecer contacto cercano con las realidades de la vida. Les gusta analizar, disecar, examinar y considerar desde todos los ángulos. Van a la raíz de todas las cosas y preguntan la razón del porqué. Les gusta estar solos pero temen la soledad y la pobreza. Son conservadores, refinados, reservados y espirituales. Son buscados por su sabiduría pero no brillan en sociedad, son tímidos y no tienen letra menuda. Son profundamente emotivos pero les horroriza que se lo vean. Someten todo a un análisis mental agudo, quieren que los detalles estén perfectamente antes de pasar al próximo. Son un pozo de secretos antes de patuales, científicos y filósofos o meta-filósofos, para amarlos hay que conocerlos. Todos los 7 necesitan cultivar la comprensión, la compasión, evitar el temor y la melancolía. Deben aprender a vivir solos pero no sentirse solitarios.

No. 8

Ansian asuntos grandes y el poder de manipularlos. Quieren éxito en todas las cosas materiales. Aman la organización, la construcción, las finanzas. Aman las grandes operaciones del mundo financiero, les gusta manejar y dirigir, tienen habilidad para los grandes logros y acumulaciones. Son generosos, amplios de mente, poderosos. Se puede confiar en ellos. Tienen fuerza, entusiasmo, valentía, ecuanimidad y determinación. Les gusta luchar contra la oposición confiando en su propia victoria, pueden ser dominantes y exigentes pero no se economizan ellos mismos o sea que ellos saben dar o rendir. Puede gustarles el dinero y el lucimiento pero son la piedra angular de la comunidad. Tienen visión e imaginación para hacer que sus esfuerzos produzcan. Son eficaces, ejecutivos de excelente criterio; son un poder del bien; todo No. 8 necesita cultivar la justicia y la tolerancia hacia los más débiles, menos eficientes.

No. 9

Quieren servir al mundo entero, quieren darle a todos los beneficios de sus conocimientos y experiencias. Son los intérpretes de la grandeza que hay en la vida, son los grandes amantes. Dan de sí mismos sin pensar en su propio empobrecimiento. Tienen fe ilimitada en su propia fuente de proveeduría. Son los hermanos universales: compasivos, comprensivos, servidores. Tienen sabiduría, intuición, amplitud de mente y de criterio. Quieren amor personal pero pertenecen al universo, sufren a través de sus emociones y eliminación de personalidad. Son atractivos y amados de todos. Están dispuestos a dar su vida por la humanidad. Son grandes artistas y quieren que su mensaje beneficie al mundo, quieren proyectar a largo alcance sus talentos y sus emociones. Los 9 necesitan cultivar el balance, el control emocional y necesitan definirse.

No 11

Quieren revelar las bellezas que han visto y conocido. Quieren predicar la necesidad de vivir fiel a los ideales. Quieren que todos los hombres aprendan su propia idea de Dios. Son imprácticos pero aparentan ser prácticos. Proveen remedios universales pero no comprenden las necesidades humanas. Son siempre universalistas, nunca preocupados por el individuo: son los soñadores y visionarios con la pasión de la salvación y elevación, aman a sus ideales en vez de su prójimo, insisten en el derecho según lo ven sin ocuparse de la ecuación humana. Tienen gran fuerza interior y la devoción del mártir. Quieren escoger sus amigos entre aquellos de su propio nivel, clase o especie. Tienen una mente tipo eléctrica capaz de inventos notables. Los 11 necesitan cultivar la comprensión humana.

No. 22

Quieren ser perfectos constructores para el bien y la seguridad de todos. Aman la forma pero desean que esté perfectamente constituida para el uso. Comprenden la necesidad de ser prácticos en un mundo práctico. Representan el poder al máximo grado y son dueños de toda situación. Son respetados, seguidos y nunca delatan una confidencia. Ellos representan el ideal realizado. Son los verdaderos maestros albañiles, construyendo para la eternidad. Tienen sus ojos colocados en las estrellas pero sus pies sobre la tierra. Tienen el liderazgo del 1; la bondad del 2; la imaginación del 3; la paciencia del 4; la libertad del 5; el equilibrio del 6; la espiritualidad del 7; el poder ejecutivo del 8; el amor de la humanidad del 9; la visión del 11 reunidos en su sobre-humano 22. Todos los números 22 necesitan cultivar la constante adhesión a sus ideales en medio de la materialidad.

TU SER LATENTE Y QUE ESTAS EXPRESANDO

Tu ser latente es la suma de las consonantes. Este número es latente porque no está activo en tu vida diaria. Tus vocales siempre están activas en tu alma. Tus vocales y tus consonantes conjuntamente están activas en tu expresión. La suma de tus consonantes eres tú en reposo. El número de las consonantes es tu propio secreto porque eres tú desprovista de la necesidad de aspirar o ambicionar. Eres tú cuando estás sola. Sola ocupada con tus propios sueños. Que no estás obligada a responder a influencias exteriores, cuando una persona entra en tu atmósfera tienes una reacción y ya no estás en estado de reposo. Estás consonante. La forma de hacerlo es con tu nombre y bajo de cada consonante colocar el valor numérico. Entonces consultas las tablas para encontrar el valor numérico y observas si el resultado no representa aquello que tu estás soñando cuando nadie te está observando.

No. 1

Valerosa, atrevida, soñando con caminos aún sin conquistar y alturas sin alcanzar. Tu te imaginas ser la lider, la instigadora, la promotora de nuevos proyectos y empresas hasta ahora sin concebir.

No. 2

Protegida, amada, confortada, rodeada de tus seres queridos, ves tu hogar y tus hijos en atmósfera de paz y armonia, contigo dentro, sirviendo y comunicando el confort a todos en formas pequeñas y disimuladas, sin destacarse mucho. (en realidad hace todo y parece que no hiciera nada).

No. 3

Tu imaginación te pinta popular, atractiva y muy buscada, siempre tienes un público apreciativo y todos tus dichos y hechos son aplaudidos. Tu te ves expresándote en el arte, derramando belleza y felicidad por donde vayas.

No. 4

Tu eres un pilar de la sociedad del cual todos dependen. Te ves trabajando incansablemente por los premios del logro, del deber, del amor y la apreciación. Tu eres la patriota firma, reconocida como la salvadora de tu país.

No. 5

Eres libre de viajar a todos los países del mundo, sin ataduras ni responsabilidades, te ves conversando en todos los idiomas, mezclada con nativos de muchas tierras y viviendo sólo para la aventura y experiencia de la vida.

No. 6

Eres el centro de una familia que te adora. Tienes un hogar bello y artístico y mantiene sus puertas hospitalarias de par en par. Estás rodeada de flores y música y amas la responsabilidad de manejar una casa en perfecto orden. Tu panorama del futuro es tu amor y tú, caminando abrazados en tu bello jardín, o de manos cogidas, las cabezas blancas muy juntas sentados frente a la chimenea. Tu 6 superior te hace verte como la consoladora y la ajustadora cósmica.

No. 7

Te ves en una biblioteca de raros libros, cuadros selectos y muebles antiguos y tu propio jardín en pleno florecer. Muchos vienen a ti para oír sabiduría de tus labios, pero gran parte de tu tiempo lo pasas callada meditando, te ves con un traje largo, bellamente bordado con los símbolos que más te gustan. Eres la sacerdotisa y mística cuya mente es el depósito de la sabiduría antigua.

No. 8

Estás en muchas juntas directivas, presidente de Bancos y Compañías, tu serie de oficinas están ricamente amobladas y tu cuerpo de empleados es muy grande, tu conduces tus negocios en gran escala y te ocupas de asuntos internacionales.

No. 9

Eres una de las grandes artistas mundiales. Estás llena de amor por la humanidad y te entusiasma servir, no importa lo que cueste. Ansias el amor personal y la felicidad, pero comprendes que tu misión es servicio impersonal y que allí radica tu único chance de felicidad. Altamente emotiva comprendes los sufrimientos ajenos, muchos vienen a ti por consuelo y consejo. Te miras como la espectadora contemplando las luchas y errores que ya has superado.

No. 11

Eres una de las mensajeras que tiene que ir a todo el mundo, predicar el evangelio a cada criatura. La luz del fuego divino está en tus ojos y a través de tus exhortaciones inspiradas llevas a muchos a la verdad como la ves tú; tú morirás por tu fe y tu martirio.

No. 22

Tu sueñas con la unión de todas las naciones y países en actividad constructiva, tu proyectas grandes ferrocarriles y vías de agua que aligeren el comercio y el intercambio internacional. Sueñas con maneras de hacer que la tierra dé sus tesoros para beneficiar a todos. Tú construyes grandes fábricas que son modelo de belleza, maravillas de eficiencia y la dicha de todos los privilegiados que en ellas trabajen; tus sueños toman forma.

QUE ESTAS EXPRESANDO

Tu expresión se encuentra en la suma de todas las letras de tus nombres. La esencia de las vibraciones que componen el gran total que eres tú; para descubrir esto volvemos a escribir el nombre y colocamos el número de cada letra bajo el nombre. Luego sumas. Hemos llegado al total de cada nombre separadamente y reducido cada total a un dígito final. Luego reducimos la suma de los totales a un dígito final. Ahora estamos preparados para hacer la tabla completa, sumando las vocales (ideal); consonantes (ser latente) y expresión total. Nunca busques la expresión sumando el ideal con el ser latente, siempre usa el tercer proceso poniendo las letras en una línea separada, pues usando el método más corto pueda que pierdas un No. 11 o un 22 o encontrar uno que no le pertenece a la expresión. Por medio de referencias frecuentes a la tabla de los tres aspectos, en el capítulo primero, pronto aprenderás a reconocer el significado general de cada número. Sin embargo cada número tiene también un significado específico de acuerdo con su colocación en la carta, sea ésta el ideal, ser latente, expresión o sendero vital; y por esta razón hay una tabla separada para cada división. Nos interesa saber si la mayoría de nuestro números son nones o pares ya que esto nos da una información sobre nosotros mismos. Los números impares 1-3-5-7-11 son inspirados y artísticos. Los números 1-6-22 son duales porque son artistas inspirados por dentro pero son capaces de expresión en la forma exterior. Puede que tengas una mezcla de ambos de manera que busca por detrás de los números finales de tu ideal y expresión en los dígitos de tus nombres separados y cerciórate de cuales tienes mayor cantidad. El número final es el más importante (el gran interior 1-3-5-9-11) el gran exterior 2-4-6-8-22. El dual: 1-6-22. Los del gran interior prueban todas las cosas subjetivas y emocionales, la visión es amplia e idealista, aman el arte, la belleza, la espiritualidad, son soñadores. Ellos buscan la iluminación. Los del gran exterior prueban todo objetivamente por su utilidad y funcionalismo; ellos están más preocupados por la construcción, la actividad y el poder material: son hacedores, buscan el éxito.

TABLA DE LA EXPRESION
No. 1

Pionero o explorador, creador o engendrador, inventor, líder, director, jefe, jefe ejecutivo, gobernador, general o capitán, cabeza de institución. Dueño o editor de periódicos o revistas, dueño o cabeza de cualquier negocio. Todo No. 1 puede comprar o vender. Si otras vibraciones destacan sus cualidades mentales a menudo se encuentran como escritores o abogados. Si se inclinan hacia el lado creador, se encuentran entre las mujeres muchas modistas y diseñadoras, éstas insisten en que no las molesten para llevar a cabo sus propias ideas.

No. 2

Diplomático o político, hombre de estado, psicólogo, estudiante o maestro, secretario u operario de oficina, compilador o estadista, obrero especializado, doméstico, artista pero cantor de coro o bailarín de grupo, psíquico o medium; todos los No. 2 se adaptan a ocupaciones en las cuales trabajan asociados con otros. Ellos no guían, son seguidores, son voceros de otros y pacificadores y pacificadores de todos por su tacto innato y deseo de armonía. Encontramos entre ellos nuestros más grandes diplomáticos, por su creación instintiva al ritmo en todas las cosas; encontramos entre ellos buenos músicos y bailarines. Se encuentra más cómodos en ocupaciones donde el detalle y la minuciosidad son importantes.

No. 3

Artista en palabras, cantor, escritor, poeta, dramaturgo, actor, orador, artista en música, ejecutante en cualquier instrumento. Artista en tela, diseño y dibujo. Crítico de conferencia y escritura. Animador en escena, club o sociedad, organizador o líder social. Trabajador social, sacerdote o misionero, joyero sombrerero, decorador o modisto. Todos los 3 pueden vender por sus métodos de presentación efectivos e imaginativos. Están más cómodos en las alegres decoraciones. El 3 metal se inclina naturalmente a la escritura, el emocional a la actuación y el canto. Los más frívolos, a la sociedad y el adorno o decorado de la misma.

No. 4

Autor de obras técnicas, economista, técnico y estadista, profesor o instructor, organizador, ejecutivo y comprador. Científico, contador, operario técnico. Médico o cirujano, químico en la manufactura, electricista, constructor, maestro de obra, horticultor, músico de orquesta. Todo No. 4 se expresa mejor en los medios materiales. Es altamente mental; elige escribir o enseñar. Se empeña en la organización, sistema o a la precisión. Entre las mujeres encontramos muchas costureras y muchas son domésticas rutinarias.

No. 5

Senador, oficial del servicio civil, líder cívico, abogado, detective, jefe del servicio secreto, escritor o editor, actor, animador, orador, promotor, crítico dramático, jefe de dirección en teatro, agente viajero, profesional, especialista de minas o eléctrico, inventor científico. Los 5 saben hacer de todo, son hábiles en todo, son los mejores vendedores porque comprenden todos los ángulos de aproximación, son simpáticos, amables y caen bien en todos los grupos. Su mayor éxito es en las ocupaciones que los ponen en contacto con la gente. Se sienten infelices en una oficina y tienen que tener perfecta libertad de palabra y acción y son viajeros natos.

No. 6

Artista, actor dramático o músico, médico o enfermera, jefe del hospital, obrero social, jefe de una institución de personal, maestro o escritor, ejecutivo de hotel, restaurant o salón de té, ocupado en alimentos y bebidas, matrona del hospital, ayudante de madres, guardián profesional (de kinder) el padre o madre cósmico. Los 6 necesitan una situación de responsabilidad y confianza. Ellos regulan, armonizan y ajustan, tienen éxito en todas las ocupaciones conectadas con el hogar, instituciones o proyectos que tiendan a mejorar las condiciones materiales, civiles, educacionales. Se interesan en el cuido de los ancianos, en el entrenamiento de la juventud y el mejoramiento en toda la comunidad.

No. 7

Legalista, juez, abogado, científico, experto en electricidad o minas, banquero contador, experto corredor de bolsa, relojero tejedor, experto en alfombras, inventor, escritor, escritor técnico, científico o filosófico, editor. Decano de universidad o administrador, clérigo, obispo o papa, naturalista, horticultor, astrónomo, ocultista, autoridad en religiones, ceremonial y música sacra. Los 7 nos dan la palabra final en cualquier forma de expresión en que actúen. Son perfeccionistas y no hablan hasta que no estén seguros, se sienten cómodos en cualquier línea de trabajo ejecutivo que no lleven al campo mecánico de un negocio. Ellos son los pensadores y los sapientes.

No. 8

Financiero, corredor de bolsa, banquero director ejecutivo, magnate comercial, constructor o dueño de valores y ferrocarriles; manufacturero, fabricante, comprador y vendedor en gran escala, jefe de corporación, consultor, productor ejecutivo, periodista, experto en comercio, navegación, transporte, patrón de arte en lo comercial, organizador de caridades. Negocios grandes es el slogan del No. 8. El tiene su mayor éxito cuando se ocupa de las cosas grandes materiales de la vida. Siempre ganará si se mantiene positivo y no admite limitaciones.

No. 9

Artista en cualquier línea. Si es actor se inclina hacia la tragedia. Maestro, sanador, predicador, reformador, escritor, compositor, patrón del arte en el lado artístico, Juez, abogado criminal o penal, consejero, médico cirujano, filántropo, humanitario. El 9 da libremente de sus emociones en todas las formas de expresión, trabaja mejor en los departamentos de la vida en donde la inspiración, la bondad y la compresión humana son esenciales.

No. 11

Evangelista, ministro protestante, reformador, trabajador social, psicoanalista, psicólogo, filósofo, maestro, escritor religioso, trabajador de caridad, líder de movimientos ideales, actor inspirado, explorador, inventor. Todos los 11 buscan expresar sus ideales, son más felices cuando pueden encender la luz de su propia visión e inspiración. Ellos no están adaptados al mundo de los negocios.

No. 22

Constructor marítimo, comprador en grandes empresas, maestro, escritor, reformador práctico, líder, gobernador, estadista, mandatario, experto en eficiencia, director de asuntos mundiales, organizador de obras públicas y utilidades, benefactor público. Los 22 abren nuevos campos y construyen los caminos que hacen fácil el acceso a ellos. Establecen comunicaciones internacionales y controlan eficazmente el todo y las partes. Embellecen mientras construyen.

A QUE TE PARECES

Mira a la gente que conoces, incluyendote a ti y decide el No. que les cuadra a la impresión que ellos hacen sobre ti o en ti y luego compráralos con estos escritos para ver si esta impresión no tiene un lugar prominente en ellos. Tus tres números principales son tu Ideal, tu Expresión y tu Sendero de Vida. ¿Te pareces tú a alguno de estos tres? ¿A cuál?.

La impresión es un gran factor en el mundo hoy si es que tu estás haciendo lo que más deseas hacer y para ello tienes un contrato de por vida, no tienes que preocuparte por tu apariencia, pero pocos tienen esa seguridad y muchas grandes oportunidades se han perdido porque el individuo no llevaba la imagen. No hay regla infalible para descubrir el No. de la impresión, ya que causamos distintas impresiones en momentos diferentes, pero harás bien en consultar cuidadosamente la tabla de la impresión relacionando los números a tu propio ideal, expresión y sendero de vida y luego tratar de actuar y de aparentar el No. que más te ayude. Hemos notado que la impresión usual es la de la expresión: no llevamos el corazón por fuera de manera que tu apariencia no puede informarle al mundo el No. de tu ideal. La gente tiene que conocernos para podernos calificar correctamente; eso ya elimina nuestras vocales; nadie puede contemplar nuestro ser latente de manera que eso elimina las consonantes, entonces ¿cuál es el total? Habitualmente nos apropiamos de cierta cantidad de color de aquel trabajo que estamos siempre haciendo. Si somos grandes ejecutivos habitualmente llevamos un aire de eficiencia y prosperidad; si somos madres de una larga familia, nos mostramos cómodas, satisfechas y positivas o angustiadas, preocupadas y negativas. Si estamos obligadas a trabajar todo el día en detalles agotadores nos vemos cansadas o desanimadas, todos estamos en peligro de vernos iguales a aquello que hacemos o a aquello que nos ocupa. Si eso es lo que queremos muy bien, y a veces es hasta aconsejable, si no queremos lo podemos cambiar; examina esta tabla y selecciona convenientemente.

TABLA DE IMPRESION
No. 1

Original, de fuerza, dominante o dominador, físico fuerte, usa rayas anchas, patrones llamativos, colores decididos, si es negativo no tiene distinción, es de personalidad incolora.

No. 2

Dulce y moderada, voz suave, tímida, habitualmente gordita, usa colores naturales nunca llamativa. Si es negativa es descuidada, a menudo sucia, tacones comidos y azorada.

No. 3

Atractivo, un pozo de personalidad, ánimo conversador, siempre bien vestido en perfectas combinaciones de colores. A las mujeres les gusta los faralaos y los encajes. El No. 3 impone la moda. Si es negativo es jorobado, hosco, pesado, inarmonioso que se destaca.

No. 4

Sólido, preciso, digno, hecho a la medida, alto a menudo huesudo, usa excelentes y duraderas telas, colores naturales. Si es negativo, caras arrugadas, labios muy finos, ángulos severos y orgulloso de su simplicidad.

No. 5

Destacada, atrae la atención, muy divertida, físico imperfecto, usa colores llamativos y combinaciones raras. Si es negativa, escandalosa, cargada de baratijas, maquillaje cargado o escandaloso.

No. 6

Callado, armonioso, buen gusto, aspecto acomodado, paternal o maternal. Usa ropa buena, buenos colores, pero prefiere la comodidad a la moda. Crea una atmósfera de armonía y bienestar.

Si es negativo es manganzón, bolsudo, gordo, descuidado, indiferente o ineficiente.

No. 7

Callado, lejano, equilibrado, inmutable, manos y pies finos, ropa bella y armoniosa. Las mujeres usan colores pastel. Si es negativo es nervioso, dicharachero, llamando la atención para esconder su falta o incomodidad, vulgar, usa telas ordinarias y combinaciones feas, malas o inarmoniosas.

No. 8

Próspero, atractivo, irradia fuerza y eficacia, físico fuerte, personalidad dominadora , inclinado a la pompa y ostentación, genial, sociable, usa materiales caros, pesados, cuida el detalle, los guantes, corbatas, zapatos, exigente. Si es negativo es malhumorado, malucón, sobrecargado de trabajo, usa ropa barata sin planchar, no cuida el detalle, voz estridente y chillona.

No. 9

Romántico, artístico, bello fuerte, viril, juvenil, impresionante personalidad, cortés, amable, impulsivo, emotivo o emocional, siempre bien vestido y cuidado, la belleza y armonía en colores. Si es negativo: ansioso por caer bien, tratando siempre de causar impresión, deseoso de atención, siempre lleno de promesas vacías, la ropa se la pone por hacer efecto, pero abandonado en los detalles.

No. 11

Armonía y poder combinados. Necesita mucho espacio y aire, nervioso e inquieto pero equilibrado y capaz, tiene tacto, amable y congenia. Usa ropa que se destaca por su corrección y buen colorido. Si es negativo, no hay poder, caras duras descontentas, reprimidas o frías y déspota; ropa escandalosa, sin atractivo y descuidado.

No. 22

Armonía y poder combinados. Necesita mucho espacio y aire,

nervioso e inquieto pero equilibrado y capaz, tiene tacto, amable y congenia. Usa ropa que se destaca por su corrección y buen colorido. Si es, negativo no hay poder, caras duras descontentas, reprimidas o frías y déspota, sin atractivo y descuidado.

1366
1 + 27 + 22
1 + 9 + 1 = 11

SENDERO DE VIDA

Este es tu destino, esto se encuentra sumando el día, el mes y el año en que naciste.

Es tu iniciación respecto a lo que viniste a hacer en la tierra. En la numerología siempre sumamos hasta que quede un solo dígito, porque queremos saber la esencia de las diferentes vibraciones o sea el resultado final. Esta regla se emplea en el sendero de vida siempre con excepción de los números 11 y 22.

Los años se numeran de acuerdo con sus dígitos en el calendario como sigue: 1931 es igual a 1+9+31 = 14, 4 + 1 = 5; se reducen a menos que su total sea 11 ó 22. Ejemplo: 1901 = 1+9+0+1 = 11 sin reducir. 1876 = 22 sin reducir.

PARA ENCONTRAR EL SENDERO DE VIDA

Ejemplo: George Washington nació el 22 Febrero de 1732.

Febrero   22   1732
  2   +   22 +   4   =   28   =   1   sendero de vida.

En este ejemplo el 22 del día en que nació George Washington es una de las partes o ciclos de su sendero de vida y no alcanzamos a verlo en el total final y por eso no lo desapareceremos reduciéndolo a 4. Hay otro ejemplo que fue Hervert Hoover, nació el 10 de Agosto de 1874.

Agosto   10   1874
  8   +   1 +   2   =   11   sendero de vida.

En este segundo ejemplo la suma final no se debe pensar como si fuera un No. 2. El número del día en que tú naciste es un factor de alta importancia en tu vida de modo que estos números serán considerados aparte en un diagrama.

TABLA DE SENDERO DE VIDA
No. 1

INDIVIDUALIZACION: Tiene que aprender independencia y adquirir la habilidad de manejarse solo; tiene que fortificar sus propios poderes, usar su cabeza para inventar sistemas originales, nuevos, es decir, crear. Debemos rechazar limitaciones, debe saber colaborar o cooperar sin perder la individualidad, guiar, controlar y dirigir. Tiene que desarrollar el cuerpo, la mente, el espíritu a su más alto punto de eficacia. Encontrará su oportunidad haciéndose invalorable en cualquier situación en que se encuentre y así tendrá rápido avance al punto de ser líder. La atracción en el sendero No. 1 no es hacia las masas sino hacia los individuos. Su elemento es el Fuego y se siente bien en el Norte.

No. 2

ASOCIACION: Tiene que aprender a sumergirse y a seguir las indicaciones de otros. Tiene que ser el pacificador, diplomático y mediador. Tiene que trabajar cuidadosa y pacientemente en los más mínimos detalles, dominado por la idea del servicio y la cooperación. Tiene que aprender el poder del silencio, debe aprender a mezclarse con todo el mundo. No debe buscar reconocimiento ni alabanza personal. Debe considerar como importante la bondad, la simpatía y los sentimientos ajenos. Tiene que cultivar la amistad y ser leal a ella. Debe ponerse bajo la Ley de Dar y Recibir. Debe aprender a expresarse a través de la paciencia y la persistencia, nunca por el dominio. Aprende a escuchar y a absorber? Encontrará su oportunidad en la diplomacia y entre los muchos amigos quienes se encargarán de pelear por ud. La atracción del No. 2 es sobre los grupos o comunidades. Su elemento es el agua, es adaptable a todas partes pero más feliz cerca del mar.

No. 3

EXPRESION PERSONAL: Tienes que aprender a dar de ti mismo, libre y gozosamente. Tienes que cultivar contactos sociales y ser un agregado bienvenido en todas las reuniones. Tienes que hacerte muy valioso por tu habilidad de iluminar la oscuridad. Debes aprender a expresarte a través del arte, la belleza, los amigos y la felicidad. Encontrarás tu oportunidad en el lado ligero de la vida mezclándote en sociedad y ocupándote de cosas agradables. Debes buscar la ocupación que te de la oportunidad de expresarte artísticamente. Debes aprovechar toda ocasión para usar palabras, sea hablando, actuando, cantando o escribiendo. La atracción en el sendero No. 3 es sobre individuos y masas. Su elemento es el Fuego y se encuentra mejor en el Norte.

N. 4

ESTABILIDAD: Debe aprender la atención estricta en o al deber. Esta iniciación rara vez incluye los viajes o expansiones. Tiene que aprender a servir y a producir. Tienes que que aprender a superar la aparente limitación y hacer sustancial y perfecta la forma que estás trabajando. Encontrarás tu oportunidad profunda si no variada. Tendrás la oportunidad de construir lo benéfico y duradero y enseñar a otros menos evolucionados que tú. Este sendero tiene posibilidades de grandes logros. La paciencia, servicio y dependencia tendrán los premios y la confianza que el inspira a otros. La atracción de el sendero No. 4 es sobre comunidades. Su elemento es tierra. Trabaja donde quiera que lo mandan y allí se queda.

No. 5

LIBERTAD: Debe esperar cambios frecuentes, variedad viajes y lo inesperado. Tiene que aprender el uso correcto de la libertad. Tiene que aprender idiomas y comprender a todas las clases y condiciones de gentes. Debe estar alerta para usar todo lo nuevo y progresivo. tiene que adaptarse a circunstancias y condiciones poco comunes. Debes ejercer ingenio y seguir varios ángulos de desarrollo. Tienes que estar buscando constantemente lo nuevo, lo desconocido, beneficiándote en cada experiencia. Encontrarás tu oportunidad lejos del camino trillado si aprendes la lección del descarte y no te quedas en la rutina. Encontrarás a personas científicas, inventivas de muchos recursos que te beneficiarán si haces el esfuerzo de encontrarlos. Crecerás por medio de la adaptación al cambio y a la inseguridad. La atracción en le sendero No. 5 es sobre las masas y, los públicos. Su elemento es el aire. Sólo puede trabajar cuando está libre, asi sea en el desierto, en altas montañas o viajando.

No. 6

AJUSTE ARMONIA: Tiene que aprender el significado de la responsabilidad. Debes poder ajustar situaciones y condiciones desarmónicas en tu propia vida y en la vida de aquellos con quienes entras en contacto. Debes servir con alegría y contento, con eficacia, reposadamente y aprendiendo a equilibrar los opuestos. Debes enfrentarte a los problemas de la domesticidad y asumir muchas cargas que le pertenecen a aquellos más débiles por quienes eres responsable. Debes estar preparado a dar ayuda material o espiritual cuando te sea pedido. Tienes que mantener en todo momento tus propios ideales pero nunca buscar el ajuste obligando a otros a aceptar los tuyos. debes estar preparado para servir a la familia, la comunidad o el universo si fuera necesario. Encontrarás tu oportunidad en el valioso servicio que rendirás a aquellos que necesitan ajuste espiritual o material. La atracción del sendero No. 6 es sobre la familia, comunidad, el estado o el mundo. es gobernado por dos elementos: Tierra y Aire, bienestar material o amor impersonal transmutado.

No. 7

SABIDURIA Y SOLEDAD: Debes aprender el análisis mental. Debes buscar la sabiduría y las verdades ocultas. Debes desarrollarte subjetivamente de manera de ser un alto sacerdote o un buen consejero. Debes aprender a estar solo pero no sentirte solitario. Debes trabajar en teorías y fundamentos. Debes constantemente aumentar tu provisión de conocimientos útiles. No debes ocuparte de acumular posesiones materiales y debes aprender aquello de que aquel que pierde su vida material, la encontrará en el espíritu. debes aplicar leyes espirituales a asuntos materiales. Debes reposar, estudiar, meditar, adorar, estar en silencio y conocerte a ti mismo. No debes insistir en asociarte a otros o ser líder en algo. Debes aprender a conocer el mundo invisible. Encontrarás tu oportunidad en aquello que te es traído más bien que en lo que tu buscas por ti mismo en lugares callados lejos del ruido y la confusión del bullicio. La atracción del No. 7 es sobre individuos que necesitan teorías o verdades sobre la vida. Su elemento es el agua profunda y tranquila.

No. 8

PODER: Libertad material, sin ataduras. Debes estar en un mundo de actividad comercial, asuntos de negocios, poder y logros. Debes cultivar un horizonte amplio y rehusar toda limitación. Debes desarrollar eficacia y saber dirigir. Debes aprender tanto a aceitar como a manejar la maquinaria. Debes tratar con aquello que no es inspirado con lo práctico y las cosas materiales de la vida, evitando sueños, visiones y cosas imprácticas. Debes aprender las leyes que rigen el dinero, su acumulación, su poder y su uso. Encontrarás tu oportunidad entre las personas y condiciones de riqueza y aquellos que necesitan de eficacia y habilidad ejecutiva. La atracción del sendero No. 8 es sobre las grandes corporaciones y organizaciones. Su elemento es Tierra.

No. 9

UNIVERSALIDAD Y FRATERNIDAD DEL HOMBRE: Tiene que aprender a ser el humanitario completo, el trabajador social. Tienes que aprender a amar y a servir a tu prójimo. Tienes que aprender a abandonar todo prejuicio de raza o casta. Realizando la universidad básica de toda la gente. Tienes que colocar a los demás antes que tú. Debes esperar ser usado y renunciar a la ambición personal y a las posesiones si el bien general lo exige. Debes atraer todas las cosas pero no atarte a ninguna. No puedes estacionarte en ninguna parte pero considerarás el mundo entero tu hogar. Tendrás que aprender la Ley del cumplimiento o realización o estar colmado, de cumplir tu misión porque éste es el final de una serie de iniciaciones. Tienes que dar amor, compasión, ayuda y comprensión sin límite. Encontrarás tu oportunidad en la gente emotiva, artística e inspirada, pues tienes que aprender de la más alta vibración del artista. La atracción del sendero No. 9 es hacia los muchos o hacia todos. Su elemento es el Fuego.

No. 11

REVELACION: Tienes que especializarte en la subjetividad, tienes que llevar todo al plano de la inspiración, tienes que ser el ultra-especialista, desarrollando talentos de invención o buscando descubrir nuevos principios. Tienes que investigar el misticismo y aplicarlo al más alto de los usos. Tienes que confiar en tus intuiciones y tener fe en una guía superior. Debes estar siempre alerta para aprender o saber el tipo de iluminación y revelación que tienes que darle al mundo. No debes jamás de acumular (el No. 2) y debes evitar toda tendencia a reunir dinero. Realizando que el No. 11 tiene que derramar su propia luz. Tú tienes que inspirar por tu propio ejemplo, viviendo la verdad que te es revelada. Tienes que vivir humildemente en plenas candilejas. Encontrarás tu oportunidad predicando el evangelio, sea esto en las líneas espirituales, en el reino de la invención o la actuación teatral. Es posible que logres gran fama si no la buscas por motivos ulteriores. La atracción del sendero No. 11 es hacia lo inspirado, los idealistas artísticos, hacia aquellos que necesitan elevación espiritual. Su elemento es el aire.

No. 22

MAESTRO MATERIAL: Debes aprender a servir en una escala amplia y constructiva. Tienes que hacer usar tu poder desde un ángulo espiritual e idealista. Tienes que hacer de lo útil y lo practico o de lo de abajo enaltecerlo (la serpiente de Moisés que la elevó en su vara). Tienes que basar la construcción y organización sobre los principios sociales. Encontrarás tu oportunidad en grandes movimientos internacionales, comerciales o instituciones filantrópicas o políticas, en asuntos de gobierno, etc. Tú tendrás la oportunidad de hacer real el sueño de paz, amor, felicidad, trabajo y prosperidad. La atracción del sendero No. 22 es sobre las masas, gobiernos, países y razas que necesitan desarrollo y expresión. Su elemento es el Agua.

CRONOLOGIA

Nace en Caracas Concepción Méndez Guzmán (Conny Méndez) en la Parroquia Catedral, de Conde a Piñango, el 11 de abril de 1898. Hija del distinguido escritor y poeta Don Eugenio Méndez y Mendoza y de Doña Lastenia Guzmán de Méndez y Mendoza.

Cursó sus primeras letras en el Colegio Católico Alemán y en el Colegio San José de Tarbes de Caracas. Pasó luego a completar su educación en el Colegio Sagrado Corazón de Nueva York, graduándose en el Manhattanville College of New York. De ahí su perfecto dominio del idioma inglés y su singular desarrollo bicultural.

Prosigue en Nueva York su preparación artística cursando estudios de Artes Plásticas en el Art Students League, concluyendo su instrucción musical en el New York School of Music.

Inicia su carrera literaria en Caracas como cronista y caricaturista de la revista *Nos-Otras*, dirigida por Luisa Martínez. Ingresa a la revista *Elite* en calidad de redactora, colaborando posteriormente en las revistas *Momento, Páginas, Bohemia* y en los diarios *El Nacional* y *La República*.

Como productora, directora y actriz dedica varios años de actividad teatral a actos celebrados en beneficio de la Cruz Roja Internacional. Durante ese período, desempeñaba la Dirección de dicha institución Doña Margarita de Guinand. Actuó en el *Caracas Theater Club*, llamado entonces *Caracas Little Theater*, representando el papel de Madame Bacicautt en *Let us be gay*. Con esta dramatización comienza a representar obras en inglés. Ulteriormente participa en *Mesas Separadas*, asumiendo el rol de Lady Railton Bell en el escenario del *Teatro Hispano del Theater Club*.

Su obra musical consta de más de cuarenta composiciones. Realizó su primera pieza para piano a los cinco años de edad, titulada *Nocturno*. Su primera composición con letra y música fue *La niña luna*; más tarde, *Soñé*. La afamada soprano venezolana, Isabel Hermoso de Pérez Dupuy las estrenó en Nueva York, en 1935.

Con motivo del Cuatricentenario de Caracas (1967) aparece el disco *A mi Caracas*, basado en una grabación en vivo realizada por Freddy Reyna, en 1956, con canciones interpretadas por la autora, siempre acompañada por su guitarra.

En 1972 realiza su última composición dedicada al pueblo de Burbusay (Andes venezolanos), titulada *Luna de Burbusay*. Animada por Raúl Renao, de la firma discográfica Promus, graba a los 79 años una serie de discos-homenaje con sus mejores composiciones.

Algunos de los títulos de sus composiciones: *Tierruca, Yo soy venezolana, La negrita Marisol, Chucho y Ceferina, Venezuela habla cantando, Déjame, Hoy es tu día* y otras. En el repertorio de música infantil, se destacan: *La cucarachita Martina, Oración ratona y Navidad criolla.*

En su variada producción se incluye un Oratorio. Ha escrito poesía y narrativa. Realizó giras internacionales para conciertos de canto y guitarra, presentando su propia música en Caracas, Nueva York, Río de Janeiro, Londres, Buenos Aires, Santiago, Asunción, Lima y Madrid. En esta última ciudad se desempeñó como Embajadora cultural de Venezuela. Era, asimismo, una consumada pianista.

Su incesante búsqueda de medios de expresión artístico la conduce, entre los años 1923 a 1950, a la caricatura, publicando en París su libro *Bisturí* (1931). Más tarde se dedicaría a la pintura.

Funda en 1946 el *Movimiento de Metafísica Cristiana en Venezuela*, consagrándose de lleno a esta enseñanza a través de libros y conferencias en Latinoamérica. Los estudios de Metafísica los hizo en *Unity School of Christianity* (Unity Village, Missouri, Estados Unidos de Norteamérica) y The Bridge To Freedom.

Su primer libro de metafísica, *Piensa lo bueno y se te dará* (febrero, 1961) y su primera revista *El Nuevo Pensamiento* y, luego, *La voz del "Yo Soy"* (1972), fueron mecanografiados por ella misma y, luego, llevados al multígrafo por sus discípulas, quienes se encargaron de la distribución.

Cofundadora de la Asociación Venezolana de Autores y Compositores (AVAC).

Publica en 1955 su libro Memorias de una loca, en Barquisimeto y en Caracas. Tiempo después la autora, por insistencia de sus hijos "se había dejado convencer (...) para reeditar su obra humorística de sabor venezolano" (Donald Rincones Méndez, Julieta Velutini Méndez de Gil Santana). Así, a las Memorias quedan añadidas dos obras más: *Del guayuco al quepis* y *Bisturí* que constituyen la primera edición de *La Chispa Venezolana de Conny Méndez* (1979).

Presidenta del Ateneo de Caracas durante el lapso 1956-1957.

En 1972 adquiere nuevos conocimientos metafísicos a través del *I Am Activity (La Actividad del "Yo Soy")* en Estados Unidos.

En 1968, expone en la *Galería El Muro* sus pinturas, caricaturas y aprovecha para mostrar también su producción musical y literaria. La década de 1960 a 1970 puede considerarse la más productiva en el ámbito metafísico: *Metafísica al alcance de todos, Te regalo lo que se te antoje, El maravilloso número 7, Piensa lo bueno y se te dará, ¿Quién es y quién fue el Conde de Saint Germain?* Durante esa

etapa de su vida aparecen, asimismo, varias traducciones al español: *El libro de oro de Saint Germain, Luz de los Maestros Ascendidos, Misterios develados, La Mágica Presencia* y otros. Después de su desaparición física se han recopilado varios escritos bajo el nombre *Un tesoro más para ti* y se han hecho sucesivas reimpresiones de su revista *El Nuevo Pensamiento*.

En 1963 aparece Metafísica al alcance de todos, cuya edición supera los 300.000 ejemplares publicados por *Bienes Lacónica, C.A.* Tomando las reimpresiones efectuadas por sus seguidores en diversos países de Latinoamérica, este número asciende a los 500.000 ejemplares.

Dedica gran parte de su tiempo a la divulgación del conocimiento metafísico, creando a su alrededor un grupo discipular que hoy continúa transmitiendo su enseñanza.

Se casó tres veces. Con Carlos Alberto Velutini, ingeniero venezolano (Caracas, 1919), con José Rincones Baldó, petrolero norteamericano (Estados Unidos, 1930), y con Francisco Fuentes, director, productor y actor de teatro, de nacionalidad española (Ciudad de México, 1945). Tuvo dos hijos: Julieta Velutini Méndez y Donald Rincones Méndez, siete nietos y doce bisnietos.

Sobresalía igualmente en las actividades del hogar, demostrando gran sensibilidad y destreza para la decoración, la costura y el tejido *(frivolité)*. Era una consumada experta en anticuar muebles ("los patinaba...", como ella solía decir).

Fue la primera mujer de sociedad que se bañó en mar abierto en La Guaira y no en los baños de Tacoa. Asimismo, fue la primera que rompió con ciertos convencionalismos de la época, como fumar en público y solicitar ante los tribunales un divorcio.

Fue condecorada en tres oportunidades por los gobiernos de turno, otorgándole: Diploma y Botón de Oro Cuatricentenario, en 1967; Diploma y Medalla del Buen Ciudadano, 1968; Orden Diego de Losada en su Segunda Clase, en 1976.

Recibió además, en reconocimiento a su labor artística, cultural y humanitaria, numerosos homenajes y galardones, entre los cuales se destacan: Placa conmemorativa de Sábado Espectacular (1970); Placa de Reconocimiento por Dedicación a la Patria en pro de la Cultura, otorgada por la Fundación N.S.A. "Los Cumanesitos" (1979); Diploma de Homenaje y Reconocimiento del pueblo de Burbusay (1972), y diversas placas por su labor en el campo de la Metafísica Cristiana.

Sus libros se han convertido en verdaderos best sellers en países hispano-parlantes como México, Colombia, Panamá, Puerto Ri-

co, Santo Domingo, Perú, Ecuador, Bolivia, Argentina, España, y, naturalmente, Venezuela. Actualmente, sus libros están siendo traducidos y publicados en inglés.

Conny Méndez desaparece físicamente en la casa de su hijo, Donald, en Miami, Florida, el día 26 de noviembre de 1979. De acuerdo con su voluntad sus restos fueron cremados y reposan en el Panteón Familiar, Cementerio General del Sur (Caracas). Asimismo, dando cumplimiento a sus deseos, no hubo flores y tanto los familiares como los asistentes no vistieron de negro.

INDICE

	Página
Advertencia al lector	5
Prólogo	7
¿Qué es la Metafísica?	11
Prólogo	13
Introducción	15
La Palabra Metafísica	16
La Metafísica no es Brujería	17
El Maestro Enoch y su enseñanza	18
El Principio del Mentalismo	20
La Verdad	23
Ley de Oferta y Demanda	25
La Bendición	27
Una Ley Más "Hoy"	28
El Yo Quiero y el Yo No Quiero	29
Despedida	32
Piensa lo bueno y se te dará	33
Introducción	35
Cristianismo Dinámico	37
La Fe	40
La Mecánica del Pensamiento	42
La Verdad del Ser	44
Como es Abajo es Arriba	48
La Palabra	50
La Vibración	53
El Vacío	57
El Derecho de Conciencia	60
Polaridad	63
La Bendición	65
Alma	67
Hoy	73
Idolos	75
La Muerte	77
La Reencarnación	81
El Signo de Acuario	85

Advertencia	88
Un Tesoro más para Ti	89
La Hermandad Saint Germain	91
Para los Metafísicos	93
Dios es la Paz	96
La Ley de la armonía	99
Sobre los problemas de nuestra era	104
Voluntad	107
Parece mentira	110
Para formar tu prosperidad	116
El tratamiento de tratamientos	119
Cosmografía	121
Chispitas de la Verdad	127
Carta personal para sus amadas discípulas dada por Conny Méndez	129
El Diario vivir	135
Habla Conny Méndez	137
El secreto del dominio y de la maestría	138
Mensaje	141
Noticias maravillosas provenientes del Maha Chohan en su carta semanal	144
El Gran Secreto Metafísico de la Felicidad	150
Carta al grupo de Instructores	151
¡Entérate que te interesa!	153
Enseñanza de Conny a sus Guías en la clase del martes 8 de agosto de 1967	155
Palabras que Conny Méndez dijo para ti en la concentración de Acción de Gracias que tuvo lugar en Caracas el Jueves 28 de noviembre de 1974	156
Mensaje del Maestro Jesús a través de su mensajera Lucy Littlejohn	158
Orientación proyectada por la Amada Conny Méndez recibida del amado Maha Chohan, Pablo el Veneciano	160
Interpretación Metafísica de *La Biblia:* Saúl y David	161
De última actualidad: el latido universal	169
Para que no pierdas tu tiempo	175
Protección gubernamental para Venezuela, los EE.UU. de América y para el mundo entero	179
"Cúralo todo"	180
Otro de los últimos boletines de Conny (La Licuadora)	182
Nuevas *palabras de a centavo*	184
Contemplación	187
Otro de los boletines de Conny Méndez	190

Poema a las madres.. 191
Ultimo **pensamiento** que Conny Méndez nos dejó 192
Entre planos 193
Numerología 203
Introducción 205
Numerología.. 206
Clasificación general de los números 212
Cómo encontrar el ideal 213
Tu ser latente y que estás expresando 219
¿Qué estás expresando?.. 222
Tabla de expresión 223
¿A qué te pareces?... 227
Tabla de impresión... 228
Senderos de vida 231
Tabla de sendero de vida 232

4411